Helmut Malmes

Grüne Erdbeermarmelade

Helmut Malmes

Grüne Erdbeermarmelade

ATE

Umschlagbild: Ulrike Klöpper-Zohlen

Bibliografische Information Der Deutschen Bibliothek
Die Deutsche Bibliothek verzeichnet diese Publikation in der Deutschen Nationalbibliografie; detaillierte bibliografische Daten sind im Internet über http://dnb.ddb.de abrufbar.

ISBN 3-89781-094-8

AT Edition 2006
Fresnostr. 2 48159 Münster 0 251 / 20 07 96 10
e-Mail: ate@at-edition.de http://www.at-edition.de

Inhaltsverzeichnis

Zweiter Teil: Glossen, Ansprachen und Aphorismen zum aktuellen Zeitgeschehen in Deutschland

Vorwort

Bevor nun unser Hein van Hammerberg das erste Glas „Grüne Erdbeermarmelade“ genüsslich zelebrieren wird, schauen wir noch einmal zurück.

Unser Hein, den wir getrost auch Michel nennen könnten, hat in seinem Leben sehr viel Glück gehabt. Er hat das Glück gehabt, in der jahrzehntelangen berufsbedingten Auseinandersetzung mit der deutschen Politik, also zwischen beschäftigungspolitischem Wahnsinn und gefühltem Identitätsgau in Deutschland (noch) nicht selber wahnsinnig geworden zu sein. Bei seinem Blick vom fast 300 Meter über der holländischen Nordsee, in Schwindel erregender Höhe liegendem Hammerberg auf das Aachener Grenzland eröffnete sich unserem Hein in vielerlei Hinsicht ein Blick über das ganze Land, über das deutsche Land.

Vor allem die Konzepte gegen die Massenarbeitslosigkeit in Deutschland haben die Haare unseres Bewohners vom Hammerberg senkrecht in die Höhe streben lassen. Manches Mal hat Hein intensiv daran gezweifelt, dass es überhaupt gibt oder in der Rückschau gegeben hat, womit er sich ständig auseinander gesetzt hat: eine so genannte Arbeitsmarktpolitik zum Abbau der Massenarbeitslosigkeit.

Seit zwanzig Jahren werden die Arbeitslosen in Deutschland mit Beratung, Betreuung, Qualifizierung sowie individuellen „Anreizen“ wie beispielsweise Reduzierung der Lohnersatzleistungen etc. malträtiert, während alle so genannten Bündnisse für Arbeit zum weiteren Abbau von (sozialversicherungspflichtiger) Arbeit geführt haben. Das IAB (Institut für Arbeitsmarkt und Berufsforschung der Bundesagentur für Arbeit) geht während dessen in den letzten Jahren von rund sieben Millionen fehlenden Arbeitsstellen in Deutschland aus.

Die derzeitigen Arbeitsmarktreformen der Jahre 2004 und 2005 bereiten nun die Arbeitslosen immer schneller und immer professioneller auf einen Arbeitsmarkt vor, den es für immer weniger von ihnen gibt. Dabei haben sich die angeblichen Integrationsmaßnahmen für Arbeitslose seit dem Beginn der Massenarbeitslosigkeit in Deutschland nie wirklich geändert. Heerscharen von Qualifizierungs- und Beschäftigungsträgern, die selbstverständlich neben der allgemeinen vor allem der eigenen Wohlfahrt verpflichtet sind, leben von dieser immerwährenden Individualisierung eines gesellschaftlichen Skandals und einer gigantischen Integrationslüge. Und so werden die Betroffenen von Arbeitslosigkeit, die ihre Erwerbsarbeit verloren haben, mittlerweile zur (eigentlich nicht existenten!?) Arbeit verpflichtet; nämlich zusätzlich und im öffentlichen Interesse, unter Tarif, unter anderen und meist miserablen Umständen, unter keinen Umständen in Konkurrenz zu Wirtschaftsbetrieben, unter anderen Ein-Euro-Jobbern, unter ihrer menschlichen Würde.

Unser Hein findet das übrigens ebenso logisch wie die ‚Zwangsernährung Verhungernder', die ja analog offensichtlich nur zu faul zum Kauen sind. Mit dieser hartnäckigen und handlungsleitenden Logik hat sich unser Hein mehr als ein Jahrzehnt auseinander gesetzt. Kabarettistisch natürlich! Wie auch sonst?

Und das zusätzliche und konkurrenzlose Produkt dieser Auseinandersetzung liegt nun in konzentrierter Form und voller fruchtigem Aroma vor uns:
Grüne Erdbeermarmelade

Erster Teil: Satirisches zur Wirtschafts- und Arbeitsmarktpolitik in Deutschland

Die politische Zauberformel gegen Arbeitslosigkeit und verordnetes Nichtstun „Stand-by-Qualifizierung"

Endlich ist es soweit. Sie ist gefunden: Die Lösungsstrategie gegen Arbeitslosigkeit und erzwungenes Nichtstun schlechthin.

Bekanntlich finden sich mittlerweile so viele Langzeitarbeitslose in der sozialen Hängematte (sprich: im Sozialhilfebezug) ein, dass diese zu zerreißen droht. Unsere Politiker – unermüdlich im Kampf gegen die steigende Arbeitslosigkeit und nachfolgende „Hängemattenzerreißprobe"- zeigten sich von ihrer kreativsten Seite und renovierten das Bundessozialhilfegesetz (BSHG) im Jahr 1993 entsprechend. Der Einfall war nicht nur kreativ sondern geradezu genial. Das Motto: „Raus aus der Hängematte!" – „Frisch ans Werk!" – „Arbeit macht frei ... bzw. befreit von dauerhafter Sozialhilfeabhängigkeit!" Sozialhilfe (plus Mehraufwandsentschädigung) bezieht in Zukunft nur, wer sich zur Selbsthilfe (sprich: Qualifizierung durch Arbeit) verpflichten lässt. Verordnet wurde die dauerhafte Integration auf dem Arbeitsmarkt durch „Hilfe zur Selbsthilfe". Warum nicht gleich so angesichts der verheerenden Situation auf dem Arbeitsmarkt?

Verblüffend, wären da nicht die fehlenden Arbeitsstellen. Also Gemeinschaftsarbeit, zusätzlich und im öffentlichen Interesse. Ein Beispiel gefällig? Betrachten wir eine der Aufgaben eines kommunalen Grünflächenamtes. Gemeint ist die Säuberung einer öffentlichen Parkanlage vom alljährlich üblicherweise anfallenden und abfallenden Laub. Diese zweifellos im öffentlichen Interesse stehende Tätigkeit könnte durchaus von der dreifachen Mitarbeiteranzahl wie bisher erledigt werden. Zusätzliche Arbeitskräfte also. Alles im (Laub) Lot, oder? Leider entspricht der herbstliche Lauban- bzw. -abfall in Ermangelung eines präventiven kommu nalen Aufforstungsprogramms nicht der zur Verfügung stehenden Arbeitskraft des verdreifachten Personals. An Arbeitsteilung ist in diesem Fall aber nicht zu denken, insbe-sonders wegen der Diskriminierung der bisherigen Mitarbeiter. Auch gesellschaftliche Verteilungskämpfe sind in diesem Fall eher kontraproduktiv. Wie nun umgehen mit dieser Problematik?

Die Politiker wären nicht „unsere Politiker", hätten sie dieses Problem nicht schon berücksichtigt. So wie der Teufel normalerweise im Detail steckt, steckt hier die Lösung im zugrunde liegenden Konzept. Das neue Qualifizierungskonzept ist ebenso genial wie einleuchtend: Abweichend vom bisher vorherrschenden *„Learning by doing"* heißt nun die Maxime: *„Learning by looking"*.

Diese neue Form der *„Stand-by-Qualifizierung"* (stand by = bereitstehen) ist aber gar nicht so neu, weil sie wissenschaftlichen Erkenntnissen der Entwicklungspsychologie folgt. Da zeigt sich die Genialität der Politiker, denn wer hätte schon gedacht, dass die Kenntnis der Kleinkind-Entwicklung zur Lösung unserer arbeitsmarktpolitischen Probleme führen kann.

Zu hoffen für die von Arbeitslosigkeit Betroffenen bleibt nur, dass die Politiker sich schon bald auch ihrer tiefenpsychologischen Kenntnisse erinnern. Die Fortschreibung der Qualifizierungskonzeption wäre gesichert:

„Learning by doing“ – „Learning by looking“ – „Learning by sleeping“

Die Prinz-ipi-en der Wirtschaftsförderung
oder
Alles nur geklaut

Im Niedersachsen-Land
Herr Schröder stand und winkt ins Land.
Millionen in der Hand;
20 Stück davon, die sieht man schon.
Es kriegt davon, wer klug;
wer kommt, der ist am Zug.
Hoffentlich merkt keiner den Betrug:

Denn das ist alles nur geklaut,
das sind alles gar nicht meine,
das ist alles nur geklaut,
das weiß ich nur ganz alleine,
das ist alles nur geklaut und gestohlen, nur gezogen und geraubt.
Entschuldigung, das hab ich mir erlaubt.

Und in der Printenstadt
hört man schon bald, was Schröder lallt.
Jemand mit Profil
das Millionenspiel sehr gut gefiel.
Doch seitdem an der Wurm
tobt ein Entrüstungssturm.
Von Hotmannspief bis Rathaus tönt es nur:

Das ist alles nur geklaut,
das sind alles gar nicht deine,
das ist alles nur geklaut,
das weißt du doch nicht alleine;
das ist alles nur geklaut und gestohlen, nur gezogen und geraubt.
Herr Schröder, wer hat dir das erlaubt?

Den Wirtschaftsförder-Hit,
die ganze Nation, die kennt ihn schon;
alle singen mit
ganz laut im Chor, das geht ins Ohr;
kreuz und quer durchs Land;
von Bayern bis zum Strand.
Selbst jenseits unsrer Grenzen man ihn fand.

Wer hat wem jetzt was geklaut,
wer hat was und was ist meines,
wer hat wem jetzt was geklaut?
Was erst seins war ist jetzt meines.
Das ist alles nur geklaut und gestohlen, nur gezogen und geraubt.
Entschuldigung, das hab ich mir erlaubt.

Hintergrund dieser Liedparodie:
Die Abwerbung von Unternehmen mittels besserer Standortbedingungen oder finanzieller Anreize ist nicht nur eine Problematik im Rahmen der unaufhaltsamen Globalisierung. In diesem Fall wird eine besonders dreiste Abwerbung eines Aachener Großunternehmens durch den damaligen Ministerpräsidenten des Landes Niedersachsen, eines gewissen Herrn Gerhard Schröder, in den Blick genommen. Uniroyal ließ sich 1994 anwerben und verlagerte seinen Produktionsstandort nach Hannover. Dies war für die überdurchschnittlich von Arbeitslosig-keit betroffene Aachener Region ein besonders schmerzhaftes Beispiel deutscher Wirtschaftsförderung durch einen „nationalen Globalisierungsmechanismus“.

„Das Neue Aachener Modell“ oder Wie man im Dauerregen steht, ohne nass zu werden!

Die durchschnittliche Wassermenge, die alljährlich in Aachen vom Himmel fällt, ist ja bekanntlich besonders hoch. Offensichtlich hat sich die durchschnittliche Arbeitslosigkeit im Arbeitsamtsbezirk Aachen und speziell in der Stadt Aachen dieser überdurchschnittlichen Wassermenge angepasst. Während der „Gemeine Aachener“ (= typische Öcher) öfter als anderenorts nass wird (was grundsätzlich eher wachstumsfördernd ist), steht der „Arbeitslose Aachener“ permanent im Regen (was grundsätzlich eher wachstumshemmend ist). Betroffen sind über 13000 Menschen dieser letztgenannten Spezies (14,2 %). Davon stehen immerhin 37,6 % schon länger als ein Jahr im Regen und haben sich das Etikett „triefnass“ und langzeitarbeitslos „verdient“.

Ersteres Problem hat, weil der Regen nicht abstellbar ist, zu einer florierenden Schirmproduktion in Aachen geführt; ein wiederum eher wachstumsfördernder Nebeneffekt.

Das Problem der anhaltenden Massenarbeitslosigkeit hat zu einer dauerhaften, unermüdlichen und ständig verbalisierten Kampfansage auf allen politischen Ebenen geführt. Politik und Wirtschaft bekämpfen zurzeit erfolgreich die durch Arbeitslosigkeit bedingte Kostenexplosion und folgerichtig deren Verursacher, also die Arbeitslosen. Arbeitslosengeld, Arbeitslosenhilfe und arbeitsmarktpolitische Maßnahmen wurden bereits bundesweit gekürzt. In Wirtschaft und im öffentlichen Beschäftigungssektor wird unter-tarifliche Beschäftigung installiert. Auf kommunaler Ebene stehen die Sozialhilfeleistungen zur Disposition. Sozialabbau wird als Umbau etikettiert. Sozialmissbrauch wird allerorten herbeigeredet.
Kurzum: Den im Regen Stehenden wird der Schirm entwendet!

Dies gilt auch für Aachen, denn auch hier werden neben den o.g. Einsparungen zusätzlich die Zuschüsse für Qualifizierungs- und Beschäftigungsprojekte um 10% gekürzt, weil der Kämmerer insbesondere aufgrund der durch Arbeitslosigkeit bedingten Sozialhilfekosten ebenfalls im Regen steht. Und da kann, will und wird er ja nun nicht stehen bleiben.

Im Regen stehen bleiben werden aber die Arbeitslosen und Sozialhilfeempfänger und die Organisationen, die ihnen Hilfestellungen anbieten. So jedenfalls möchte man/frau meinen. Aachen wäre aber nicht „Os Oche“, wenn es da nicht ein sog. „Aachener Modell“ für dieses Problem gäbe. Denn Aachen ist, nicht zuletzt aufgrund politischer Kreativität, die Modellstadt schlechthin. Erinnert sei an die „fußgängerfreundliche Stadt", die „fahrradfreundliche Stadt", die „wirtschaftsfreundliche Stadt" und neuerdings die „ökologiefreundliche Stadt".

Und so wird es in Aachen mit vereinten Kräften von Politik und Wirtschaft ein neues Modell geben, welches dafür sorgt, dass Arbeitslose, Sozialhilfeempfänger, Obdachlose und die für sie tätigen Menschen nicht im Regen stehen bleiben müssen.

Das Modell „wetterfreundliche Stadt"
durch die Überdachung der unteren Adalbertstraße

Glossiert wurde ein Vorschlag der Aachener SPD-Landtagsabgeordneten Schultheis und Alt-Küppers, der die Stadt jedoch 3,6 Millionen Deutsche Mark gekostet hätte. Die Initiative war zunächst in Bezug auf den anstehenden Landtagswahlkampf als Werbung in eigener Sache gedacht. (siehe dazu Berichterstattung der Aachener Nachrichten vom 10.04.95)

Zum Bündnis für Arbeit – Versuch eines Nachrufes

Presse-, Rundfunk und Fernsehen vermeldeten am 20. und 21. März 1996 so oder ähnlich: – *Das Bündnis für Arbeit „ist gestorben"* -

Damit haben wir zum ersten Mal in der Geschichte unseres Landes einen Trauerfall schon vor der Geburt zu beklagen. Ein Novum! Die Geburt wurde allerorten angekündigt und gefeiert; noch vor der Zeugung. Ein absolutes Novum! Doch leider misslang die Zeugung.

Dennoch lassen Sie uns in stillen Trauer gedenken, wer oder was da pränatal oder präziser prä fertilisatione verstorben ist: Bundesregierung, Arbeitgeber und Gewerkschaften, also ein starkes Stück (auch kilomäßig) Staat, waren sich einig: 6 Millionen fehlende Arbeitsplätze und über 4 Millionen registrierte Arbeitslose in diesem, unserem Land sind zuviel! Ein Bündnis muss her! Aber wofür? Zynische Zungen behaupteten, man (in diesem Fall richtig und deshalb nicht frauenfeindlich!) habe die Halbierung der Arbeitslosen beschlossen. Dies wäre ja immerhin ein Fortschritt zum Mittelalter, als noch gevierteilt wurde. Böse Zungen behaupteten, man habe die Halbierung der Arbeitslosenzahlen beschlossen. Dieses Gerücht hält sich hartnäckig, nicht zuletzt weil es durch „richtungsweisende Reformvorhaben" – nach dem Motto: „Raus aus dem Arbeitsamt, rein ins Sozialamt" – eher bestätigt wird. Seriöse Zungen behaupteten, man habe die Schaffung von 2 Millionen zusätzlichen Arbeitsstellen beschlossen. Halten wir uns an diesen offiziellen Text der Geburtsanzeige.

2 Millionen neue Arbeitsstellen- ein großes gemeinsames Ziel! Aber wie? Im Rahmen der intensiven Verbündungsbemühungen stellten alle Beteiligten ernüchtert fest, dass sie für diese Problematik bzw. Zielsetzung überhaupt nicht zuständig sind.

Die Bundesregierung gestand ihre Nichtzuständigkeit für die Schaffung von Arbeitsstellen. Verbildlicht bedeutet dies, dass sie zwar für den Rahmen (also den Hänge- bzw. Standort) nicht aber für den Inhalt (also das Gemälde) zuständig ist.

Die Gewerkschaften wurden als diejenigen „geoutet", die schon immer eher für die Abschaffung von Arbeitsstellen (durch ihre unangemessenen Lohnforderungen) als für die Schaffung derselben verantwortlich sind.

Die Arbeitgeber sind, wie der Name impliziert, für die Schaffung von Arbeitsstellen zuständig. Selbstverständlich aber nur, wenn sich dies mit dem größtmöglichen Anstieg der Gewinne in Einklang bringen lässt; also nicht in Deutschland.

Fazit des Bündnisses war die übereinstimmende Erkenntnis der Nichtzuständigkeit. Als einzige sichere Zukunftsaussage blieb die von allen Beteiligten unwidersprochene Prognose, dass bis zur Jahrtausendwende weitere 2 Millionen

Arbeitsplätze in diesem, unserem Lande abgebaut werden müssen. Wahrlich ein Grund zur Trauer.

Was ist nun mit all den Menschen, die sich über die angekündigte Geburt gefreut haben? Was ist zum Beispiel mit den Arbeitslosen? Diese haben nun wirklich keinen Grund zur Trauer; als Schuldige an dieser Misere. Sie, die dafür verantwortlich sind, dass die Soziallasten und Lohnnebenkosten rapide ansteigen. Sie, die mitverantwortlich dafür sind, dass die Arbeitgeber unserem Land den Rücken kehren. Sie, die die Dreistigkeit besitzen, darauf zu warten, dass jemand Arbeitsstellen für sie schafft. „Ihr wartet zu recht vergebens. Schafft eure Arbeitsstellen doch selbst! Krempelt endlich die Ärmel hoch! Macht euch doch selbständig; oder wie oder was auch immer. Aber tut endlich etwas! Die Zeit für Eigenverantwortung und Eigeninitiative war noch nie so gut wie heute, wo der Staat ein ganzes Bündel von Anreizen (unter anderem die Absenkung von Arbeitslosengeld- und -hilfe, Kürzungen der Sozialhilfe, wenn man/frau eine Arbeit nicht annimmt, die es gar nicht gibt, Existenzgründungsbeihilfen) vorhält. [1] Also? Kein Grund zur Trauer!"

Und außerdem gibt es auch noch die Kirchen, Wohlfahrtsverbände und andere, die konkrete Hilfsangebote für Arbeitslose anbieten. Also nichts wie hin zur nächsten Bildungs-, Beschäftigungs- und Qualifizierungsmaßnahme, wenn es wieder heißt:

„Wie schnitze (für Männer!) / wie stricke (für Frauen!) ich mir eine Arbeitsstelle?"

[1] Analog wird aus gut unterrichteten Kreisen von einem engagierten Forschungsvorhaben des Gesundheitsministeriums berichtet, bei dem wissenschaftlich untersucht wird, wie der sukzessive Medikamentenentzug bei chronisch Schwerstkranken die Genesung beschleunigt.

„Parken statt Arbeitslosigkeit!"

Während unter dem Slogan „Teilen statt Arbeitslosigkeit" nach wie vor viele sozial ge- und verblendete gesellschaftliche Kräfte mit äußerst bescheidenem Erfolg gegen die Massenarbeitslosigkeit ankämpfen, wurde von der Öffentlichkeit leider bisher unbemerkt ein neuer und zeitgemäßer Slogan gefunden: „Parken statt Arbeitslosigkeit!"

Das Grundproblem unserer Beschäftigungskrise ist doch, dass wir mit unserem gegenwärtigen System (gemeint sind die hohen Lohn- und Lohnnebenkosten) auf dem Weltmarkt nicht mehr mithalten können; die Arbeitsplätze wandern einfach weg. Unser Kernproblem ist also, dass die Arbeitsplätze sozusagen zum Selbstläufer werden. Die Kernfrage lautet demgemäß folgerichtig, wie diese an Fahnenflucht grenzende Verselbständigung und Verflüchtigung der Arbeitsstellen ins Ausland, die ja von niemandem gewollt und von allen beklagt wird, aufzuhalten ist.

Die Lösung dieses Problems steckt in folgender, vom wirtschaftspolitischen Sprecher der Landtagsfraktion der CDU auf ihrem Kreisparteitag in Aachen geäußerten Erkenntnis: „Wieso werden etliche Parkplätze zurückgebaut, wenn man weiß, dass an jedem Parkplatz zwei bis drei Arbeitsplätze hängen." (Aachener Zeitung vom 22.05.96) Na also: Arbeitsplätze hängen an Parkplätzen. Drei Arbeitsplätze hängen an einem Parkplatz und können folgerichtig nicht abwandern.

Die eigentlich historische Bedeutung dieser Aussage liegt aber im Umkehrschluss, denn wenn die Vernichtung eines Parkplatzes drei Arbeitsstellen „kostet", bringt jeder neu geschaffene Parkplatz (im angenommen günstigsten Falle) 3 neue Arbeitsstellen.

Das aber ist die Lösung all unserer Beschäftigungsprobleme. Diese Lösung ist sensationell, genial einfach, einfach genial!

4 Millionen neue Arbeitsstellen bundesweit durch die Schaffung von 1,3 Millionen zusätzlichen Parkplätzen!

„Liebe Verantwortliche und Standortfetischisten, das müsste doch durch ein breit angelegtes „Bündnis für Parkplätze" zu schaffen sein." Und dem bisher relativ unbekannten Politiker der schon oben erwähnten relativ bekannten Partei möchte man (und frau) aufgrund seiner epochalen Erkenntnis zurufen: „Wieso erhalten Sie nicht zumindest das Bundesverdienstkreuz allererster Klasse, wenn man weiß, dass Sie arbeitsmarktpolitisch gleichzeitig „das Ei des Kolumbus ausgebrütet", „das Schwert des Damokles zerbrochen" und „den Stein der Weisen an den Kopf bekommen" haben?"

GRÜNE ERDBEERMARMELADE:
BESONDERS ZU EMPFEHLEN NACH HOCHSOMMERLICHEM SCHNEESCHAUFELN

Grüne Erdbeermarmelade!
Zur Einführung und Logik antizyklischer Beschäftigungspolitik

Angesichts der zunehmenden Massenarbeitslosigkeit in unserem Lande werden von vielen verstärkt gegensteuernde Maßnahmen staatlicher Beschäftigungsförderung verlangt. Gemeint ist damit vor allem ein quantitativer/finanzieller Ausbau von Maßnahmen eines subventionierten Arbeitsmarktes (z.B. ABM = Arbeitsbeschaffungsmaßnahmen).

Die Genialität unserer derzeitigen Bundespolitik zeigt sich in der Tatsache, dass trotz ständiger finanzieller Kürzungen im Bereich der beschäftigungspolitischen Maßnahmen (z.B. bei ABM) der Forderung nach einer antizyklischen Beschäftigungspolitik dennoch voll entsprochen wird. Diese Aussage bedarf natürlich der Aufklärung! Da verstehe ich alle an dieser Stelle verwirrt und kopfschüttelnd zurückgelassenen Leser und Leserinnen.

Kriterien für subventionierte Beschäftigung sind schon immer die Vermeidung von Konkurrenz (zu Betrieben des 1. Arbeitsmarktes), daraus folgend das Postulat der Zusätzlichkeit sowie das öffentliche Interesse an den zu fördernden Arbeiten. Neu ist die Einführung eines zusätzlichen qualitativen Kriteriums, des „Antizyklischen an sich“, festgeschrieben durch die Übernahme in das Arbeitsförderungs-Reform-Gesetz (AFRG). Nach den §§49 bis 53 werden demnächst Trainingsmaßnahmen für Arbeitslose gefördert (z.B. in Saisonarbeiten), aber nur, wenn sie nicht zu Saisonarbeiten herangezogen werden, die üblicherweise vom entsprechenden Arbeitgeber durchgeführt werden (müssen).

Konkret: Sie dürfen zu Saisonarbeiten herangezogen werden, aber eben nicht in der Saison, also antizyklisch. So wird Konkurrenz vermieden und Zusätzlichkeit gewahrt. Aber wie ist dies mit dem öffentlichen Interesse?

Diese Frage führt uns zur grundsätzlich innovativen Wirkung von Maßnahmen, die oben genannten Kriterien unterliegen. Es entstehen neue antizyklische Einsatzfelder für Arbeitslose und neue Dienstleistungen zum Beispiel im Bereich der Kommunen:

Denkbar wäre etwa ein Schneeräum- und Streudienst im Sommer, Rasenpflege von öffentlichen Parkanlagen im Winter oder ein qualifizierter Laubfege- und -sammeldienst im Frühjahr. Alles garantiert antizyklische Beschäftigungen ohne Konkurrenz, zu hundert Prozent zusätzlich und natürlich im öffentlichen Interesse.

Denn wer will schon Schnee auf der Straße und vor dem Haus, vor allem im Sommer?

Noch deutlicher wird die Logik antizyklischer Beschäftigungspolitik am Beispiel der Saisonarbeit in der Landwirtschaft. Betrachten wir die jährliche Erdbeerzeit. Üblicherweise werden Saisonarbeiter während der Reifezeit als Erdbeerpflücker beschäftigt. Antizyklische Beschäftigung von Arbeitslosen kann aber nur außerhalb der Erdbeerernte gefördert werden; also vor oder nach der Erntezeit. Nach der Ernte macht Erdbeerpflücken nur äußerst eingeschränkt Sinn. Vor der Ernte ist es förderbar, weil antizyklisch, unüblich, zusätzlich und garantiert ohne Konkurrenz.

Innovativ und von Interesse ist es auch, denn es gibt (zusätzlich zur beschäftigungsrelevanten Zusätzlichkeit!) ein neues Produkt:
Grüne Erdbeermarmelade!

Aktueller Zusatzkommentar: Die oben dargestellte Erkenntnis des Jahres1996 wird im Jahr 2005 durch die Diskussion um die so genannten Ein-Euro-Jobs voll untermauert!

Zwischen Eschweiler und Schweden …
… auf dem Weg zum finalen Qualifizierungs-Akt auf dem deutschen Arbeitsmarkt

Der Erkenntnis Rechnung tragend, dass die bisherige Bedeutung von Qualifizierungsangeboten für Arbeitslose und Sozialhilfeempfänger und -empfängerinnen bezüglich einer Entspannung auf dem Arbeitsmarkt (d.h. für die Schaffung dringend benötigter zusätzlicher Arbeitsstellen) in etwa mit der Relevanz verlängerter Ladenöffnungszeiten für die Steigerung der Kaufkraft der möglichen Kundschaft verglichen werden kann, werden in Eschweiler und Schweden neue und richtungsweisende Wege beschritten.

So will die Stadt Eschweiler, insbesondere der Sozialdezernent, arbeitslose Sozialhilfeempfänger (natürlich nur „geeignete Persönlichkeiten“, siehe AN vom 20.11.96) zu Ermittlern ausbilden, die den Sozialhilfemissbrauch anderer Sozialhilfeempfänger aufdecken sollen.

Endlich eine bedarfsorientierte Qualifizierung, die nicht nur zukunftsfähige Perspektiven für die Betroffenen im Sinne dauerhafter Beschäftigung aufzeigt, sondern sich typisch deutscher Tugenden erinnert, die offensichtlich verschütt gegangen sind. Dieses Berufbild ist zwar neu, steht aber zugleich in typisch deutscher Tradition: auf den NAZI-Spitzel (Beispiel:Blockwart) folgte geschichtlich der STASI-Spitzel, der nun im SOZI-Spitzel (Vorschlag: Sozialwart) seine zeitgemäße Fortschreibung erfährt.

Endlich eine Maßnahme, die geeignet ist, die Solidarität millionenfachen parasitären Schmarotzertums zu sprengen, welche zurzeit die Finanzierbarkeit unseres Sozialstaates infrage stellt.

Als sinnvolle Ergänzung möchte ich auf ein schwedisches Modell hinweisen, das ähnlich zukunfts- und bedarfsorientiert für den deutschen Arbeitsmarkt geeignet erscheint. In Schweden werden neuerdings arbeitslose Männer und Frauen zu „frei-„ und selbstständigen Aktmodellen ausgebildet bzw. umgeschult.

Welche gesamtgesellschaftlichen Perspektiven, Aussichten und Einsichten dies eröffnet, mag man/frau bei einem Millionenheer potentieller Aktmodelle nur erahnen. Eine Übernahme dieses Modells für Deutschland bietet sich auch deshalb an, weil die Appelle des Bundeskanzlers zur Lage der Nation – z. B. … "wir müssen alle die Ärmel hochkrempeln!“ oder … "wir müssen alle den Gürtel enger schnallen!“ –, die, wie wir wissen, ja insbesondere den Arbeitslosen gelten, im Lichte dieser Qualifizierung nicht bloß als Appelle im übertragenen Sinne, sondern durchaus als „berufsvorbereitende Übungen“ bezeichnet werden können.

Während sich das Eschweiler Modell nun eher von seinem geschichtlichen Zugang als finaler Qualifizierungsakt darstellt, ist das Schwedische Modell besser geeignet, einen individuellen Zugang zu schaffen; nach dem Motto: „Einem/einer nackten Mann/Frau kann ich zwar nicht (mehr) in die Tasche greifen, ich kann diese aber besonders gut zum Aktmodell ausbilden!“

Wache auf Deutschland! Was sich hier abzeichnet, bietet die Chance für eine kollektive und individuelle (End)-Lösung unserer Arbeitslosen-Problematik!

Zur Inflation der Bündnisse

Analog zur „Rentnerschwemme" erleben wir im Januar 1997 in diesem unserem Lande auf den unterschiedlichsten Ebenen eine noch nie da gewesene „Bündnisschwemme", die nach dem Motto „Bündnisse statt Politik" unsere Republik zu überfluten scheint. Ohne den Anspruch auf Vollständigkeit möchte ich an dieser Stelle auf einige Flutwellen eingehen:

Das Bündnis für Arbeit…
zur Halbierung der Arbeitslosigkeit, hat immerhin zur übereinstimmenden Feststellung von Politikern, Gewerkschaftern und Arbeitgebern geführt, dass die Arbeitslosigkeit zu Beginn des Jahres 1997 eine neue Rekordhöhe erreicht hat.

Das Bündnis für längere Ladenöffnungszeiten…
ist seit dem Beginn des Jahres 1997 mit der nicht zu erwartenden Erkenntnis konfrontiert, dass die längere Öffnung der Läden die Kaufkraft (und Kaufwilligkeit) der Kundschaft nicht nachhaltig steigern kann.

Das Bündnis für mehr Nettolohn…
wurde vom Präsidenten des Deutschen Handwerks erst letztlich angeregt und vom Bundesfinanzminister mit den Vorschlägen zur Steuerreform, insbesondere durch die Senkung des Steuer-Spitzensatzes, konsequent aufgegriffen.

Das Bündnis für Geringqualifizierte…
in der Stadt und im Kreis Aachen fand seinen Ausdruck in einem beispielhaften Gutachten zu Einfacharbeitsplätzen (durch das IW= Institut der deutschen Wirtschaft), welches dem Oberkreisdirektor (und den Kreispolitikern) die epochale Erkenntnis vermitteln konnte, dass Geringqualifizierte „das letzte Glied in der Nahrungskette des Arbeitsmarktes darstellen" (zitiert aus: Kreis-Drucksache der Kreisverwaltung Aachen Nr. 5/97). Analog sollen folgerichtig für o.g. Zielgruppe keine „Vollwert-Arbeitsstellen" (die Entlohnung betreffend), sondern abgespeckte „Diät-Arbeitsplätze" gefordert und gefördert werden.

Darüber hinaus gibt es noch jede Menge Bündnisse als Sammelbecken sozialneidischer und minderbemittelter (weil zumeist minder verdienender) Kräfte, die als Bündnisse für soziale Gerechtigkeit mit unterschiedlichen Schwerpunkten daherkommen, tatsächlich aber in der Regel Bündnisse gegen diejenigen Bündnisse sind, die für etwas sind.

Gemessen an ihren Erfolgen sind alle Bündnisse vergleichbar.
Die Bündnisse dafür haben zum Gegenteil dessen geführt, wofür sie sind.
Die Bündnisse dagegen haben zum Gegenteil dessen geführt, wogegen sie sind.

Deshalb möchte ich an dieser Stelle unter dem Slogan „Politisches Handeln statt Bündnisse“ allen gesellschaftlich relevanten Kräften ein neues, gemeinsames und finales Bündnis vorschlagen:
Ein Bündnis zur Verhinderung weiterer Bündnisse!

Arbeit für Alle in der Informationsgesellschaft!

Sie revolutionieren unsere Gesellschaft, die modernen Informations- und Kommunikationstechnologien. Dies gilt für alle gesellschaftlichen Bereiche.
Doch die Möglichkeiten für unseren Arbeitsmarkt sind geradezu sensationell:

Da sitzen in Zukunft die Arbeitslosen nicht mehr auf überfüllten Fluren oder Marktplätzen sondern in Internet-Cafés, um im Rahmen *virtueller* Fortbildungs- und Umschulungsmaßnahmen, die von *virtuellen* Arbeitsämtern entwickelt wurden, mittels telelearning ihre Defizite zu bearbeiten oder sich in *virtuellen* Bewerbungsverfahren zu trainieren.

Da werden in Zukunft von *virtuellen* Eliten in *virtuellen* Universitäten Curricula zur Schaffung *virtueller* Arbeitsmärkte entwickelt und der Entstehung zusätzlicher *virtueller* Ausbildungs- und Arbeitsplätze sind keine Grenzen gesetzt.

Da gibt es in Zukunft *virtuelle*, existenzsichernde und attraktive Gehälter für alle, die natürlich mittels individuell-*virtuellem* telebanking und teleshopping verausgabt werden können.

Da wird in Zukunft jeder entsprechend *virtuell* vorgebildete Arbeitslose in die Lage versetzt, sich als *virtueller* Inhaber einer *virtuellen* Firma *virtuell* selbständig zu machen.

Da entstehen *virtuelle* Firmen mit *virtuellen* Belegschaften, *virtuellen* Aufsichtsräten, *virtuellen* Betriebsräten und (aus gewerkschaftlicher Sicht zu hoffen) *virtuell*-innovativen Mitbestimmungsmodellen.

Da wird letztlich das Recht auf Arbeit und gesellschaftliche Teilhabe zur *virtuellen* Realität.

Da entsteht en passant und nachhaltig ... virtuelle Vollbeschäftigung!

P.S.
Doch vergessen wir bei aller Euphorie nicht die Nebenwirkungen dieser sensationellen Entwicklung. Vergessen wir nicht mögliche „Informations-Allergien", „Kommunikations-Magersucht" und „ telegenetische Allergieschocks", die durch eine Überdosis an Information und Kommunikation entstehen können.

Vergessen wir nicht die zukünftigen Warnungen von Medizinern, Pädagogen, Soziologen, Psychologen etc., die sich hier einen gigantischen neuen Arbeitsmarkt erschließen.

Diese werden die allzu unkritische *virtuelle* Befriedigung elementarer und lebenswichtiger Bedürfnisse anprangern. Sie werden warnen vor den (u.a. bevölkerungspolitischen) Nebenwirkungen ungehemmter *virtueller* Sexualität und vor den zuvor prognostizierten ersten Versuchen *virtueller* Nahrungsaufnahme (und -entsorgung), welche verheerende Folgen haben könnten; nämlich in allerletzter Konsequenz den „Hungertod auf allerhöchstem zivilisatorischem Niveau“

P.P.S.
Für diesen nicht wünschenswerten Fall – aber auf alle Fälle – könnte die Kirche bis dahin ein zeitgemäßes und umfassendes pastorales Angebot entwickelt haben, das ihrem Mangel an Fachpersonal Rechnung trägt. In diesem Fall …

virtuelle Exequien mit anschließender Selbst-Bestattung (oder thermischer Endbehandlung) durch den und im allerengsten Familienkreis.

QUALINOVA GmbH –
Ein neuer und aufstrebender Stern am Dienstleistungshimmel!

Im Kontext der diversen, differenten, diversifizierbaren und diffusen Innovations- und Gründungsoffensiven im Lande entstehen endlich auch die ersten Firmen, die sich dem großen gesellschaftlichen Bedarf nach innovativen, zielgruppenorientierten und zielgruppenadäquaten Qualifizierungsgängen und -modulen zuwenden.

Hier ein Auszug aus dem Katalog eines jungen und dynamischen Unternehmens, welches sich die passgenaue Qualifizierung besonderer Problemgruppen des Arbeitsmarktes zur Aufgabe gemacht hat.

Siehe beiliegendes Werbeblatt!

„Sie haben spezielle Probleme?
Wir haben das individuelle und passgenaue Qualifizierungsangebot für Sie!“
Wir bieten zu Vorzugspreisen:

Für Alkoholiker	Trockensanierung, Trockenmauern und Trockenausbau in niederschlagsreichen Gegenden
Für Aussiedler und Flüchtlinge	Die Entdeckung der Langsamkeit als Baustein nachhaltiger gesellschaftlicher Integrationsprozesse
Für Obdachlose	Das mobile Heim über dem Kopf (inklusive einem Praktikum in einer Aachener Schirmfabrik)
Für Frauen	„Frau sein leicht gemacht!“ – Historischer Grundkurs über diverse Entmannungsrituale des Mittelalters
Für Akademiker	Ein Theorie-Praxis-Seminar: Vom Gabelstapler zum Hochstapler (oder umgekehrt!)
Für Langzeit-arbeitslose	Schulung des Kurzzeitgedächtnisses durch Rezitationsübungen der jeweils aktuellen AFG-Novellen
Für Strafgefangene	Die Textiltapete... flexible Anwendungsmöglichkeiten zur Gestaltung relativ statischer Gitterwände
Für Männer	„Der letzte Schrei!?“ – Wie man(n) Fehler in der Baby-Pflege verhindern kann
Für Kleriker	Der klassische Schwarzarbeiter: Ökonomische und ökumenische Auswirkungen der Schwarzarbeit
Für Prostituierte	Safer sex durch EDV – Grundkurs zur Virtuosität virtueller Sexualität
Für Fixer	Spritztechniken zur flexiblen und variablen Gestaltung von Gebäudefassaden

„Sie haben noch nichts gefunden?

Sie glauben, dass Sie keiner Problemgruppe angehören?
Kommen Sie trotzdem zu uns! Wir finden auch für Sie eine passende Qualifizierung!“

IN DEM BUS WOLLEN WIR ALLE GERNE VORNE SITZEN!

CLEMI-TOURS –
ein Mann im Bus als Speerspitze im Kampf an der Ausbildungsfront

Nie war das Kriegsgeschrei an der Ausbildungsfront größer als in diesem Jahr 1997. Nie gab es mehr Offensiven: Hotlines und Aufrufe allerorten und sogar Förderprogramme zur Schaffung zusätzlicher Ausbildungsstellen. Als Sahnehäubchen führte Frontmann Clement eine ministerielle Bustour und PR-Aktion durch. Jugendberufsnot und Jugendarbeitslosigkeit als Marketingprodukt ministerieller Touren durch das Land. Das war neu. Clemi-Tours war der Hit und mindestens so innovativ, wie jede neue Gründungsoffensive im Lande.

Wie von Geisterhand wurde die ministerielle Speerspitze genau dorthin gelenkt, wo die Schlacht bereits geschlagen war. Gelenkt von den dienbaren und emsigen Geistern der Wirtschaftslobby konnte Clement sich auf den Erfolg verlassen. Gemeldet wurden zusätzliche Ausbildungsstellen im Stundentakt. Über 60 zusätzliche Ausbildungsstellen bei nur einer Ministeroffensive bzw. Ministertour. Da lässt sich drauf aufbauen und bis zum endgültigen Sieg leicht hochrechnen. Das uneingeschränkte Lob der „Kriegsberichterstatter" folgte. Doch eine Niederlage oder gar Kapitulation war nie vorgesehen, denn seinen eigenen Feldherren lässt man nicht ins offene Messer laufen. Dass nämlich bis auf einen lächerlichen Rest die Toten (ein Toter = eine zusätzliche Ausbildungsstelle = eine furchtbare Sprache) bereits gewonnener bzw. lediglich theoretisch denkbarer Schlachten gezählt wurden, interessierte offensichtlich niemanden.
Was erwartet uns nun nächstes Jahr an der Ausbildungsfront?

Noch mehr Offensiven? Noch mehr Aufrufe von immer mehr gesellschaftlich relevanten Kräften an andere gesellschaftlich relevante Kräfte und an sich selbst? Der Minister noch öfter im Bus? Vielleicht noch zusätzliche Minister in zusätzlichen Bussen? Oder als Alternative auch mehrere Minister, also eine interministerielle Ministergruppe, in einem entsprechend größeren und zusätzlichen Bus?

Möglicherweise setzt sich aber auch die Erkenntnis durch, dass es sich offensichtlich bei diesen Offensiven um Scheingefechte handelt, dass die Feldherren (sprich unsere Politiker) von Geisterhand (sprich von der Wirtschaft) vorgeführt werden, wie weiland unser lieber Honi im Arbeiter- und Bauernstaat. Clemi auf Honis Spuren? – Welch eine traurige Erkenntnis. Eine Erkenntnis zudem, die den Schluss nahe legt, dass bei den nächsten Wahlen in diesem unseren Lande lediglich die Farben der Nullen austauschbar wären.

DA HABEN DIE MICH DOCH TATSÄCHLICH ZUM KÖNIG GE-MACHT?

Königliche Ansprache

Sehr verehrte zu spät oder zu kurz Gekommene,
Liebe freigesetzte Zürückgebliebene,
Liebe Sozialstaatshinterbliebene,
Liebe Wohlstandsgeschädigte und Hängemattenverschleißer,
Liebe Karteileichen,
Liebe personifizierte Qualifizierungsmodelle,
Liebe Problemgruppen des Arbeitsmarktes,
Liebe arbeitsmarktpolitische Ladenhüter,
Liebe Bodentruppen und Pioniere neuer Gründungsoffensiven,
Liebe untätige Untertanen...

Mein liebes arbeitsloses Volk,
dass ich das noch erleben durfte...
der Fünfmillionste zu sein. Diese Ehre!
Ich bin überwältigt. Mir kommen die Tränen!
Ich bin ja damals in meiner Jugend schon mal zweiter und dritter bei den Bundesjugendspielen gewesen. Und Vorletzter beim Diktat war ich auch schon.
Und später hatte ich auch schon mal 4 Richtige beim Lotto....
Aber Fünfmillionster zu sein ... ?
Das ist unbeschreiblich. Einmalig; gigantisch, supergaumäßig geil!

Liebe untertänigste Unterbeschäftigte,

ich weiß sehr wohl, dass ich das heute ohne Euch nicht hätte erleben dürfen. Und ich weiß auch, dass Ihr das alleine niemals geschafft hättet...
ohne unser vorzüglich und fürstlich gefördertes Unternehmertum.

Deshalb gilt Euch allen mein herzlicher Dank!
Und ich rufe allen Beteiligten zu: „Weiter so!
Denn der oder die Sechsmillionste warten schon auf ihren großen Auftritt.

Rede des „Arbeitslosenkönigs von Deutschland“ an sein arbeitsloses Volk
anlässlich der Inthronisation am 05. März anno domini 1998
vor dem Arbeitsamt zu Aix-la-Chapelle / Aachen

1. AACHENER AUFRUF ZUR LANDSCHAFTSPFLEGE

Sehr geehrte Damen und Herren,
liebe anonym spendende Mitbürger und Mitbürgerinnen,
liebe Landschaftspfleger und -pflegerinnen,

haben auch Sie schon mit Entsetzen festgestellt,
dass uns zur Zeit auf breiter Front draußen im Lande
die blühenden Landschaften einfach wegbrechen,
die viele von uns gerne und nachhaltig gepflegt haben?
Gemeint sind die *Parteienlandschaften,*
in die viele von uns lange *erfolgreich anonym investiert haben.*

Und dies soll nun nicht mehr möglich sein?

Wir haben die Alternative für Sie!!

„Investieren Sie in Menschen!“
Solidaritätsaktion für Arbeitslose
Konto: 100 401 80 32
Bei PAX-BANK AACHEN BLZ 39160191
Sie unterstützen über 50 Arbeitslosenprojekte in der Region Aachen

Barspenden
werden *selbstverständlich diskret* entgegengenommen
in der
Koordinierungsstelle für Arbeitslosenprojekte
Harscampstrasse 20, 52062 Aachen,
1. Etage, Zimmer 107 / Telefon: 0241/4790-115
Mo. bis Fr. in der Zeit zwischen 9.00 und 16.00 Uhr

Wir geben Ihnen unser Ehrenwort,
dass ihre Spende (nicht) anonym bleibt
und
eine Spendenquittung für das Finanzamt (nicht) ausgestellt wird

---

Spendenaufruf des Aachener Aktionsbündnisses „Eruuskomme“ im Januar 2000
anlässlich der Parteispendenaffäre in Deutschland

Mit Onkel Gerhard ins Guinessbuch der Rekorde

Wer hätte denn gedacht, dass eine bundesweite Maßnahme zum Abbau der Arbeitslosigkeit einmal rekordverdächtig würde. Und das ausgerechnet zu einer Zeit, wo doch alle hoch dotierten Politiker in diesem Land mit Wichtigerem, nämlich mit ihrem Stolz, eingeschränktem Stolz und relativem Stolz bezogen auf ihr Deutschsein beschäftigt sind. Stolz sein könnten wir als Deutsche in der Tat, wenn der o.a. Rekordversuch gelingt. Unser sehr verehrter Bundeskanzler Schröder hat öffentlich angekündigt, dass jedem Langzeitarbeitslosen in diesem Lande eine Arbeitsstelle (oder alternativ aber natürlich nachrangig eine Bildungsmaßnahme) durch die Arbeitsämter angeboten werden soll. Gezwungen wird natürlich niemand, aber wer ablehnt muss mit Leistungskürzungen rechnen. Apropos Rechnen; genau dadurch wird das Ganze erst zum Rekordversuch! Wir haben zurzeit etwa 1,33 Millionen Langzeitarbeitslose. Gemeldete offene Stellen etwa 550.000. Nun können aber natürlich diese offenen Stellen nicht nur mit Langzeitarbeitslosen besetzt werden, sondern auch mit Kurzzeitarbeitslosen. Langzeitarbeitslose, Kurzzeitarbeitslose und andere Arbeitslose sind aber zusammen zurzeit etwa 5.6 Millionen. Rechnen wir von dieser Zahl 550.000 ab, bleibt immerhin noch ein kleiner Rest von über 5 Millionen. 5 Millionen Arbeitsstellen. Das ist sicher eine nationale Herausforderung. Aber ist das denn auch zu schaffen?
Ja, meint unser Bundeskanzler: "Das muss doch zu schaffen sein, liebe Mitbürger und Mitbürgerinnen !"

Also melden Sie sich alle an und machen Sie mit bei dem Rekordversuch, wenn es demnächst telegen über unsere Bildschirme in die ersten Reihen flimmert: Deutschland backt 5 Millionen Arbeitsplätzchen mit Onkel Gerhard!
(siehe auch: www.backen-für-deutschland.de)

Und wenn es klappt, sind wir alle furchtbar stolz!

Kommentar:
Hintergrund dieser Glosse ist auch eine im ersten Quartal des Jahres 2001 öffentlich und medienwirksam ausgebrochene Nationalstolzdebatte in den vordersten Reihen der deutschen Politik.

Régie de Cartier – wie kommen die Klunker ins Armenviertel?

Es geschah beim ersten Besuch in einem Problemwohnviertel in Lüttich im Sommer 2001, nämlich bei den dortigen Stadtteilinitiativen und -betrieben zwecks Aussprache zur zukünftigen Zusammenarbeit im Rahmen des von unserer Arbeitsloseninitiative initiierten INTERREG III -Projektes. Ausgestattet mit reichlich schriftlichen Ausarbeitungen, wie es von typischen Deutschen im Ausland erwartet wird, erreichten wir nach kurzer und intensiver Suche den vereinbarten Treffpunkt. Zwecks Motivation und Wiedererkennbarkeit hatten wir unsere neuen Partner selbstverständlich namentlich in unsere Konzepte und Projektskizzen eingebaut. Das Gespräch verlief erfolgreich. Die zukünftige Kooperation wurde vereinbart.

Aber wie konnte es passieren, dass sich in ferner, schüchterner und sehr vager Hoffnung auf eine Förderung der Stadtteilarbeit wie von Geisterhand die Schreibweise in unseren Vorlagen gewandelt hatte? Denn eins ist klar: Auch wenn eine Förderung der Armenviertel dringend erforderlich und sehr erwünscht ist, soviel EU-Knete, dass eine Abänderung der Schreibweise – analog zur einer der ersten Adressen des Reichtums schlechthin (Klunker von Cartier) – angezeigt wäre, wird es nie und nimmer geben.

Also blieb für uns allein die Peinlichkeit, inmitten eines von sichtbarer Armut gekennzeichneten Wohnviertels von unseren belgischen Kolleginnen und Kollegen sehr dezent und freundlich darauf hingewiesen zu werden:

Régie de Quartier! Und nicht Régie de Cartier!

INTERREG III = Förderprogramm der EU bezüglich grenzüberschreitender Zusammenarbeit

„Assessment“ als neue Bürgerpflicht!?

Die Arbeitslosigkeit steigt. Der Arbeitsplatzabbau vollzieht sich zu Beginn des Jahres 2002 im Stundentakt. Die Börsenkurse und Gewinne der Unternehmen steigen proportional zu Geschwindigkeit und Umfang der angekündigten Entlassungen. Schon heute fehlen rund 5,5 Millionen Arbeitsplätze in Deutschland.
Und die Gegenmaßnahmen?

Beschleunigte und professionalisierte Eingliederung der Betroffenen auf dem Arbeitsmarkt durch Casemanager (= Turbo-Vermittler) mittels „Konfrontation von Selbst- und Fremdeinschätzung“, d.h. „individueller Potenzialanalyse“.
Casemanagement, Profiling und Assessment sind angesagt und täuschen Professionalität und Gegenmaßnahmen da vor, wo eigentlich Ohnmacht und Kapitulation analysiert werden müssen.

Trotzdem erfahren wir wilde Entschlossenheit, die Arbeitslosigkeit zu bekämpfen. Es darf und kann sich niemand der Vermittlung entziehen, obwohl es die entsprechenden Zielorte der Vermittlung (sprich dauerhafte u. Existenz sichernde Arbeitsstellen) gar nicht gibt. Statt freier Wahl von Arbeit und Beruf Assessment als erste Bürgerpflicht der Arbeitslosen!?
Wie heißt es doch gleich im Prospekt eines der vielen Anbieter (Eurobrug / Falkensee): „Assessment ist eine Methode, die eigenen Schwächen und Stärken realistisch kennen zu lernen. Und zwar nicht dann, wenn es zu spät ist, sondern vor einer Stellensuche.“ So weit, so gut! Sogar sehr gut!
Schade eigentlich, dass bei der Besetzung von hohen und höchsten Ämtern in Politik, Verwaltung und Wirtschaft in unserem Lande diese hoch gelobte Methode offensichtlich noch immer eine eher untergeordnete Rolle spielt.

Karriere statt Erwerbsarbeit

Angesichts der unmittelbar bevorstehenden Aktivitäten des Osterhasen die eher antizyklische Frage insbesondere an unsere arbeitslosen Mitmenschen: Wollten Sie nicht schon immer einmal Karriere als Kultfigur machen? Zum Beispiel als Saisonarbeiter auf dem Weihnachtsmarkt, einem zukunftsträchtigen, weil wachstumsfähigen Arbeitsmarkt, auf dem auch die Arbeitsämter ihre größten Vermittlungserfolge feiern. Dazu benötigen Sie allerdings vor Antritt Ihrer Karriere zunächst einmal eine allgemeine berufsvorbereitende Karriereplanung. Und die geht heutzutage so:

Der Casemanager (sprich Käs-män-äd-scher), der früher Sozialarbeiter oder einfach nur Berater genannt wurde, erstellt mittels Profiling und Assessment eine individuelle Stärken-Schwächen-Analyse. Die Profis in diesem Geschäft, junge, dynamische und selbstverständlich gewinnorientierte Weiterbildungsträger, arbeiten flächendeckend, subventioniert und mit Kopfgeldern für jede „Vermittlung" ausgestattet von der Bundesanstalt für Arbeit. Mittlerweile träumt der Durchschnitts-Arbeitslose in diesem Land nachts von der Microsoft Word oder Microsoft Excel Symbolleiste, findet mit verbundenen Augen jedes Internet-Portal, kann im Schlaf, oder unvermittelt aus diesem gerissen, mit absoluter Sicherheit und spontan eine oder mehrere Briefmarken korrekt auf einem DIN A4 Briefumschlag mit seinen Bewerbungsunterlagen anordnen und festkleben sowie außerdem schlafwandlerisch und traumhaft sicher virtuell und in echt einen Gabelstapler navigieren. Und so steht der Karriere nach dem zweiten EDV-Kurs, dem fünften Bewerbungstraining und dem Gabelstapler-Führerschein inklusiv dem Nachweis des unfallfreien Fahrens desselben im Rahmen einer einjährigen Arbeitsbeschaffungsmaßnahme (ABM) nichts mehr im Wege. Anschließend erfolgt die passgenaue Vermittlung! Fragt sich nur wohin?

Nun kennt sicher jeder jemanden, der händeringend Arbeitskräfte sucht. Doch versuchen Sie einmal, den Hände ringenden Menschen Arbeitslose zu schicken? Mir ist es jedenfalls bisher in keinem einzigen Fall gelungen, weil entweder die Zugangsvoraussetzungen utopisch oder die Arbeitsstellen nicht existent waren und es sich um inoffizielle Beschäftigung (konkreter Schwarzarbeit) handelte.

Ich befürchte, dass das Gros dieser viel und gern zitierten Händeringenden zwar ständig weiteren Gesprächsstoff für Stammtische liefert, aber wenig Interesse daran hat, Arbeitslose offiziell und gar mit richtigem Arbeitsvertrag inklusiv tariflicher und/oder Existenz sichernder Entlohnung einzustellen.

Und auch von den öffentlich lancierten 1,5 Millionen freien, nicht besetzbaren Arbeitsstellen (siehe STERN, Seite 46), speziell von den angeblich angebotenen rund

750000 Einfacharbeitsplätzen wird wahrscheinlich nicht viel übrig bleiben, jedenfalls wenn man Arbeitsstelle als vertraglich und fair entlohntes Arbeitsverhältnis definiert.

Was bleibt, ist somit die Arbeit als Weihnachtsmann, bzw. Nikolaus auf einem Weihnachts- und Arbeitsmarkt, der sichere Karrieren für Arbeitslose, wenn auch nur für ein paar Stündchen, bereithält!

Kommentar:
Bezug genommen wird auf die getürkten Vermittlungszahlen der Bundesanstalt für Arbeit (siehe dazu STERN 8/2002: „Jetzt fliegt alles auf")

WIR WÜNSCHEN IHNEN EIN SCHÖNES WEIHNACHTSFEST UND FÜR DAS KOMMENDE JAHR EINE ARBEITS-MARKTPOLITIK, DIE NICHT NUR KABARETTISTISCHEN ANFORDERUNGEN GENÜGT!!!!

Der Weihnachtsmann als Ich-AG

Wieder einmal soll in Deutschland die Arbeitslosigkeit halbiert werden. Eine Halbierung scheint tatsächlich durch das Hartz-Papier a priori gelungen, nämlich die Halbierung der Anwendung deutscher Begriffe im Konzept. Nach Hartz sehen die „Modernen Dienstleistungen am Arbeitsmarkt“ in Zukunft wie folgt aus:

Aus Arbeitsämtern werden durch „Masterplan“ unterstützte „Kompetenzcenter“, die in „Jobcentern“ und „Clearingstellen“ mittels „Service-Lines“ zum Beispiel Beratungs- und Betreuungskunden über „Mini-Jobs“ und das „Bridge-System“ als Hilfe zum Ausstieg aus der Erwerbsarbeit informieren. Die Anstalt heißt natürlich in Zukunft Agentur, weil „Anstalt“ in der Regel mit längeren und unliebsamen Aufenthalten assoziiert werden kann. Der neu eingeführte Vermittlungs-Quicky, die „Quick-Vermittlung“ mittels „profiling“, „assessment“, „coaching“ durch „Personal-Service-Agenturen“ und „Casemanager“ unterstützt durch eine „Cluster-Strategie“, „Innovationsmodule“ sowie den „Job-Floater“ (passend zum Hochwasser!) und begleitet durch „strategisches und operatives Controlling“ sowie „Benchmarking“ im Rahmen eines „konsequenten Prozessmanagements“ sorgt für schnelles Fortkommen.

Und selbst wenn es (bei einem Arbeitsplatzdefizit von 5,8 Millionen!) wider Erwarten keine Arbeit geben sollte, können Arbeitslose, Gelegenheitsarbeiter sowie die Reinmachfrau und das Kindermädchen von nebenan zu „Ich-AGs“ mutieren. Arbeitslose machen sich zum Beispiel als Weihnachtsmänner oder Osterhasen selbständig. Durch die Einbeziehung von Ehepartnern oder Kindern kann diese „Ich-AG“ sogar problemlos zu einer „Familien-AG“ wirtschaftlich expandieren. Millionen ehemaliger Arbeitsloser sowie Schwarzarbeiter und Schwarzarbeiterinnen werden plötzlich stolze und erfolgreiche selbständige Dienstleister. (Manche/r mag an dieser Stelle Vorbilder – übrigens zufälligerweise wirklich in schwarz – aus der Zeit vor der Demokratisierung der westlichen Welt erinnern: Zum Beispiel „Onkel Tom“ und seine Familie.)

Die Ergebnisse der Hartz-Kommission, der große Wurf ... ???

Ganz sicher ein großes Zerwürfnis; ein Zerwürfnis mit deutscher Tradition! Und vielleicht werden wir schon bald alle überrascht feststellen, dass sich der deutsche Arbeitsmarkt nicht durch die Globalisierung der deutschen Sprache renovieren lässt.

Kommentierung der so genannten Hartz-Reformen, die im Jahr 2002 vor der Bundestagswahl als „Moderne Dienstleistungen am Arbeitsmarkt“ bessere Zeiten für alle Arbeitslosen ankündigten.

Hein van Hammerberg * Hastenrather Straße 103 * 52224 STOLBERG

An das
Job-Kompetenz-Center
„Karriere sofort“
Karl-Marx-Allee 758
52066 AACHEN

Aachen, den 11.11.2002

Liebe Frau Engels,
Herzlichen Dank für Ihre Hilfe und Ihre Anregungen, die getreu Ihrem Motto „Karriere sofort“ meine Arbeitslosigkeit beendet haben. Ihr Tipp zu prüfen, ob ich mich als Ich-AG selbstständig machen kann, war goldrichtig. Ebenso Ihr Hinweis, dass ich meine Fähigkeiten und Erfahrungen im Rahmen eines Tiefenprofilings reflektieren und berücksichtigen soll. Wer hätte denn gedacht, dass die Erinnerung an mein unendlich lange zurückliegendes, zehnjähriges Philosophiestudium, im Rahmen dessen ich regelmäßig gejobbt habe, meine mittlerweile langjährige Arbeitslosigkeit beenden würde. Ich war nun folgerichtig zu dem Ergebnis gekommen, mich als Weihnachtsmann bzw. Nikolaus selbstständig zu machen.

Im Rahmen der von Ihnen empfohlenen, nach ISO-Norm zertifizierten und durch Qualitätsmanagement begleiteten Existenzgründungsberatung wurde nun in meinem individuellen Fall eine Potenzialanalyse durchgeführt. Als Ergebnis dieser Potenzialanalyse wurde ermittelt, dass aus der angedachten Ich-AG problemlos eine Familien-AG zu machen ist. Grundsätzlich kamen alle 5 Kinder für die, den Nikolaus flankierende, Dienstleistung "Schwarzer Mann“, oder wie man in Aachen sagt „Hans Muff“ in Frage. Meiner Frau musste bedauerlicherweise eine Berufsunfähigkeit wegen einer Staub- und Muffallergie bescheinigt werden. Sie versucht es nun alternativ als Tanzmariechen unter dem Motto „Mein Minijob im Minirock“.
Ein professionelles Assessmentverfahren ermittelte schließlich passgenau, welches meiner fünf Kinder dem vorgesehenen Dienstleistungsprofil "Hans Muff“ am besten entsprach.
Die anderen können nach Auskunft des Casemanagements übrigens immer noch alternativ als Osterhase, St. Martin, Tanzmariechen oder Halloween-Monster über eine Personal-Service-Agentur verliehen werden.

Nochmals besten Dank und freundliche Grüße vom Hammerberg

Hein van Hammerberg

P.S.
Meiner innovativen Geschäftsidee „Saisonarbeit hat immer Saison!“ steht zurzeit lediglich noch eine geringfügige Schwierigkeit entgegen, weil noch abschließend geklärt werden muss, wie durch professionelle und ISO-Norm zertifizierte Marketingmaßnahmen eine Marktstimulierung und ganzjährige Binnennachfrage nach diesbezüglichen Dienstleistungen erreicht werden kann.

Hund(t)serbärmlich

Wieder einmal hatte die Bundesvereinigung der Deutschen Arbeitgeberverbände (BDA) öffentlich wirksam ihre Inszenierung und wurde dabei von unserem neuen „Superminister" unterstützt, der sich durch sein Mitwirken zum „Superdeppen" machen lässt. Denn wenn die BDA Strukturreformen sagt, dann meint sie beispielsweise:
Kürzungen von Arbeitslosengeld, Ersatz von Stammbelegschaften durch untertariflich entlohnte Leiharbeitskräfte, Ersatzlose Streichung aller Förderprogramme eines sog. zweiten Arbeitsmarktes, Bewerbungsnachweise von Arbeitslosen, Verlängerung der Lebensarbeitszeit, Ausweitung des Systems der Vermittlungsgutscheine auch auf Problemgruppen des Arbeitsmarktes (siehe dazu Der Arbeitgeber 11/54 2002). Allesamt Forderungen, die mit Strukturreformen nun wirklich nichts zu tun haben und absolut unsinnig sind.
Nehmen wir das Beispiel der Vermittlungsgutscheine. Erstens wird kein privater Arbeitsvermittler sich auf Problemgruppen konzentrieren, weil ja gerade diese besonders schwer zu vermitteln sind und er nichts verdienen kann. Zweitens wurden konkret bis Ende Oktober in Deutschland 158978 Gutscheine an Arbeitslose ausgegeben, von denen bundesweit 9207 wegen der Begründung eines Arbeitsverhältnisses (davon 8700 unbefristete Arbeitsverhältnisse) ausgezahlt wurden. Gerade mal in 17 Fällen kam es bisher zu einer Restzahlung wegen einer Beschäftigung über sechs Monate hinaus (siehe dazu aktuelle Statistik der BA). Angesichts einer weiter steigenden Massenarbeitslosigkeit gleicht dies als Gegenmaßnahme dem „Leerschöpfen der Nordsee mittels Eierlöffel".

Diese Neuerung als wichtige Reform zu bezeichnen und weiter ausbauen zu wollen kann wohl nur mit bewusster Irreführung der Öffentlichkeit oder mit Demenz der Verantwortlichen erklärt werden.
Das ist einfach nur hund(t)serbärmlich, Herr Hundt! In der konsequenten Qualitäts-Fortschreibung der Arbeitgeber-Vorschläge werden wir ganz sicher noch die Forderung diskutieren, die Regelarbeitszeit zur Sicherung der Renten auf 70 (und in der Folge sukzessiv auf 80) Jahre zu erhöhen, bei gleichzeitigem Absenken der Renten auf Sozialhilfeniveau (in der Folge sukzessive gegen Null!) natürlich.

Zum Thema „Wirtschaft zur Zusammenarbeit mit Regierung bereit" Auftritt von Herrn Clement bei der BDA am 19.11.2002

Eingelocht!!!

Kreativ war und ist sie, die Beschäftigungs- und Wirtschaftsförderung des Kreises Aachen. Vor allem sprachlich ist sie unübertroffen zukunftsweisend.
Während uns schon vor einigen Jahren der Kreis die epochale Erkenntnis vermitteln konnte, dass Geringqualifizierte „das letzte Glied in der Nahrungskette des Arbeitsmarktes" sind (Kreisdrucksache Nr. 5/97), so kommt die Kreisverwaltung nun zu einer passgenauen Analyse unseres Arbeitsmarktes: „Die Zyklen des ‚Ein- und Ausatmens' von Beschäftigten werden... in vielen Unternehmen zunehmend kürzer." (Kreisdrucksache Nr. 167/03)
Bevor nun weitere Unternehmen aufgrund ihrer zunehmenden Verdauungsprobleme mit einem letzten hörbaren Darmwind ihren A... für immer zukneifen (Konkurs!), soll im Kreis Aachen das Projekt „Neue Wege der Beschäftigungs- und Wirtschaftsförderung – Sozial-Profit" für nur 12500 Euro aus der Misere herausführen. Mittels Durchführung eines Wirtschafts- und Beschäftigungsforums als Golfschnupperkurs für Arbeitgeber sollen „Einstellungsanreize bei Wirtschaftsunternehmen stimuliert" und „gesellschaftspolitische Verantwortung eröffnet" werden. Für die Kommunen und Projektpartner (Wirtschaftsförderung, kommunale Beschäftigungs- und Qualifizierungsgesellschaft ‚Sprungbrett') erzielt dieses Projekt insbesondere eine psychologische Wirkung „man tut etwas gegen die Arbeitslosigkeit". (alle Zitate aus oben genannter Kreisdrucksache)

Golfen gegen Arbeitslosigkeit: Loch für Loch einlochen gegen Arbeitslosigkeit und für den wirtschaftlichen Aufschwung? Warum eigentlich nicht?
Da macht der unermüdliche Einsatz gegen unser größtes gesellschaftliches Übel erst richtig Spaß. Und überdies werden nach erfolgreicher Erprobung die Zeiten glücklicherweise bald vorbei sein, da unsere Steuern fast ausschließlich in Haushaltslöchern verschwanden.

Eine satirische Kommentierung der Beschlussvorlage des Kreises Aachen (des Landrates / Drucksachen-Nr. 167/03) für die öffentliche Sitzung des Ausschusses für Strukturentwicklung, Wirtschaftsförderung und Verkehr am 13.06.2003 und den Kreisausschusses am 03.07.2003.

Zwangskochen mit Onkel Alfred

Obwohl schon über eine Million Ich-AGs und Minijobs bis zum September 2003 begründet wurden, steigt die Arbeitslosigkeit in unserem Lande weiter. Deshalb sind zusätzliche und neue Maßnahmen ergriffen worden, denn keiner darf sich so einfach „zurücklehnen"; erst recht nicht dauerhaft als Langzeitarbeitsloser.

Und deshalb gilt ab sofort die Ausrede nicht mehr, arbeitslos zu sein, weil keine Arbeitsstelle (Arbeitsstelle = entlohnte Arbeit) da ist.

Konkret: Die Zumutbarkeit wird entscheidend ausgeweitet. Jede Arbeit muss in Zukunft angenommen werden. Selbstverständlich!

Dazu gehören dann vor allem auch die Arbeitsstellen, die es gar nicht gibt, denn davon gibt es bekanntlich millionenfach mehr als von denen, die real existieren und zu besetzen sind. Diese exorbitant innovative und geniale Art, die Arbeitslosigkeit zu bekämpfen, kann auch daraufhin überprüft werden, ob sie sich auf andere internationale Probleme übertragen lässt. Zum Beispiel als Beitrag zur Bekämpfung des Hungers in der Welt. *Denn nun wissen wir dank der Herren Schröder und Clement, dass alle die Verhungernden auf unserer Welt in Wirklichkeit nur zu faul zum Kochen und Kauen sind.*

Und schon bald wird sich analog eine zeitgemäße, medientaugliche und typisch deutsche Methode im Kampf gegen den Hunger in der Welt finden lassen: *„Der Wok auf dem Lagerfeuer – Zwangskochen für Negerkinderchen mit Onkel Alfred (Biolek) aus dem fernen Deutschland!"*

ZÄHNE AUS 2.MUND
POLITIKERHIRNE
GEH- UND SEHHILFEN
GREIFEN SIE ZU!

Second-Hand-Life

Nach *Second-Hand-Kleidern* und Schuhen, die nicht mehr getragen werden; *Second-Hand-Arbeitstellen* („2. Arbeitsmarkt"), die eigentlich niemand will; *Second-Hand-Lebensmitteln*, die niemand mehr verkaufen kann; wird demnächst die karitative Produktpalette analog erweitert und neben der *Second-Hand-Sehhilfe* und *Second-Hand-Gehhilfe* wird die *Second-Hand-Kauhilfe*, das *Second-Hand-Gebiss* schon bald das Angebot bereichern. *Second-Hand-Teeth* bzw. *Second-Mouth-Teeth*, also Zähne aus zweiter Hand bzw. aus zweitem Mund sind in Zukunft aber im Rahmen einer unverzichtbaren Kostendämpfung im Gesundheitswesen durchaus erste Wahl.

Das *Second-Hand-Sanitätshaus* bzw. der *Second-Health-Store* unter dem Motto „Lust for Second-Life" schafft Arbeitsstellen und könnte zum Parade- und Modellprojekt für unsere altbewährten, dauerinnovativen, der allgemeinen und eigenen Wohlfahrt verpflichteten sozialen Verbände und Projektträger werden.

Dies läge auch im allgemeinen Mainstream, also dem Trend, sich gegen die Überalterung unserer Bevölkerung zu wehren. Aktuell werden beispielsweise entgegen zuvor anders lautender Informationen nun doch die Kosten für die Behandlung von Muskelfaserrissen im Oberarm bei über 65 jährigen Männern von den Kassen erstattet. Wahrscheinlich damit diese weiterhin aktiv
Hand anlegen können ... beim Schaufeln der eigenen Gräber.

Und zum Schluss wartet schon der stoß-, schall- und kostengedämpfte *Second-Hand-Sarg* bzw. *Second-Death-Sarg* aus recycelten und gepressten Meranti-Tropenholz-Spänen!

MEIN MINIJOB
IM MINI ROCK!
MARIECHEN

Hartz wirkt! Nicht immer, aber immer öfter!

Zum Ende des Jahres 2003 beschäftigen sich viele Menschen mit Hartz bzw. dessen Reformen und deren Wirkungen und Nebenwirkungen auf Deutschland. In Aachen wurde durch die örtliche Presse die entscheidende Frage aufgeworfen: „Wie wirkt Hartz auf den Kreis?“

Nun, wahrscheinlich wirkt Hartz auf den Kreis exakt so wie auf das Quadrat, das Rechteck, das Dreieck, die Ellipse, den Golfball oder das Ei.

Auf den Kreislauf vieler insbesondere arbeitsloser Zeitgenossen wirkt Hartz mittlerweile extrem Blutdruck steigernd.

Auf dem Arbeitsmarkt wirkt Hartz – um im Bild zu bleiben – immerhin wie ein Herzschrittmacher auf den Kreislauf eines Toten.

Brandaktuell und unverzichtbar wird nun zusätzlich im Rahmen der Veranstaltung eines Aachener Beschäftigungsträgers die Frage aufgeworfen: „Wie wirkt Hartz auf die Frauen“? Diese Frage ist absolut innovativ!

Und wir dürfen an dieser Stelle für Herrn Hartz nur inständig hoffen, dass als Wirkung mehr übrig bleibt als das Motto der menschheitsgeschichtlich ältesten gewerblichen Ich-AG:

„Mein Minijob im Minirock!“

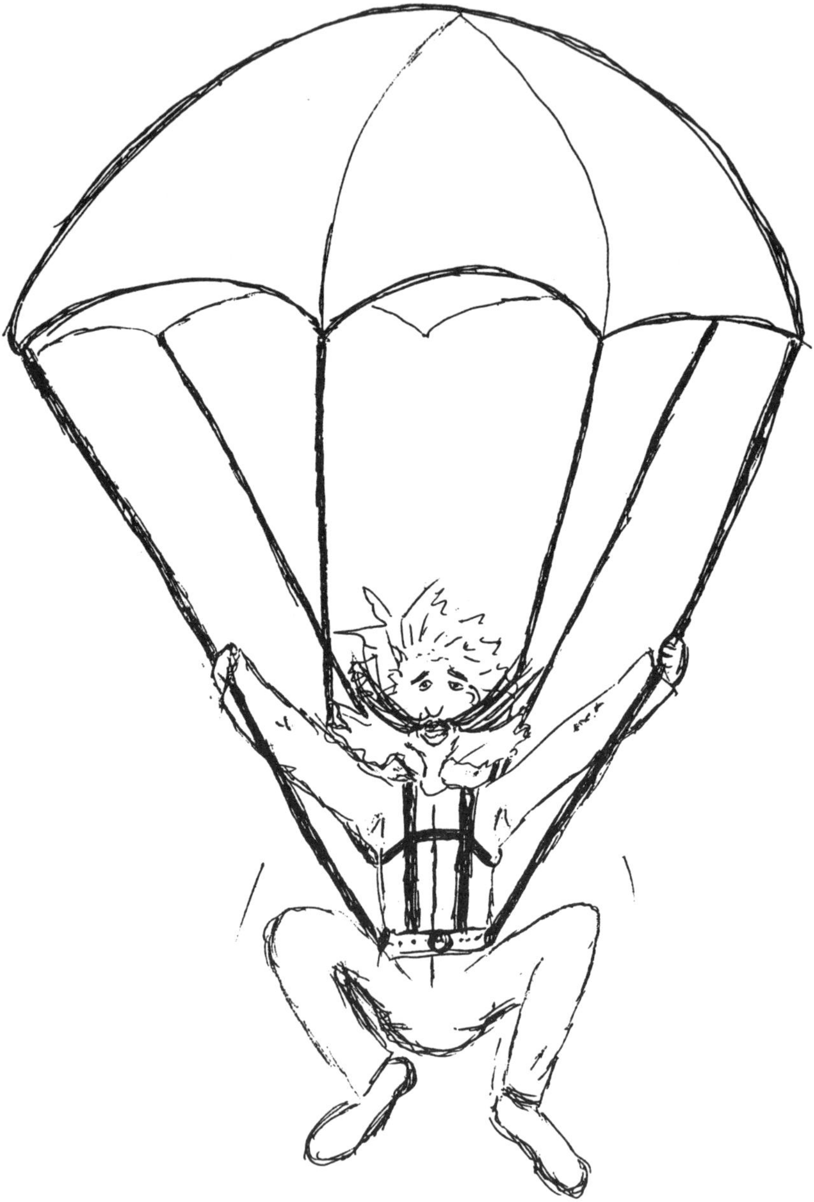

Im freien Fall für den Aufschwung?

Während man bei der neuen Initiative AC^2 (sprich Aachen-Quadrat) noch nicht so genau weiß, wer oder was nun potenziert bzw. quadriert wird, die Stadt, die Gründungsoffensiven, die Gründungen selbst, die Gründungswettbewerbe oder doch nur wieder die Präsentationsfolien und die Honorare der beauftragten Berater (siehe dazu Kreisdrucksache Nr. 329/03 vom 03.11.03), so hat das Projekt „Neue Wege der Beschäftigungs- und Wirtschaftsförderung – Sozial-Profit" neben 14 Arbeitsstellen außerdem ein gutes Gefühl hinterlassen (siehe dazu Kreisdrucksache 333/03 vom 28.10.03).
Diese Initiative hat immerhin vermittelt, dass im Rahmen einer Golfpartie Arbeitsstellen geschaffen werden können. Gemeint sind nicht die Jobs der Caddies. Die Potenzierung dieser Erkenntnis lässt aufhorchen, denn wenn schon durch den Adrenalinausstoß beim Versenken von Golfbällen ein plötzlicher Wunsch nach zusätzlichen Arbeitskräften bei Unternehmern freigesetzt wird, so lassen sich für weit spektakulärere Sportarten noch bessere Ergebnisse erwarten.

Nach dem „Einlochen für den Aufschwung" könnte unter dem Motto „Abspringen für den Aufschwung" oder „im freien Fall für den wirtschaftlichen Aufschwung" Bungeejumping oder Fallschirmspringen für Arbeitgeber angeboten werden. Man stelle sich eine Fallschirmspringer-Formation von Arbeitgebern und den Verantwortlichen des Kreises Aachen im freien Fall zwischen Himmel und Würselen vor, bei der sich die Zahl der gemeldeten Arbeitsstellen proportional zum freien Fall bzw. umgekehrt proportional zum durch die zunehmende Erdnähe bedingten und beschleunigten Adrenalinausstoß der Arbeit gebenden Springer potenziert. Vorausgesetzt natürlich, dass der Landrat alle Fäden und alle Reißleinen der Beteiligten weiterhin fest und augenzwinkernd in seinen bewährten Händen hält.

Und wieder einmal wäre beschäftigungs- und wirtschaftspolitisch Sensationelles gelungen: Zwar nicht die „Quadratur des Kreises", wohl aber die „Quadratur im Kreis", nämlich die „Quadratur des wirtschafts- und beschäftigungspolitischen Wahnsinns im Kreis Aachen"!

DAS SIND ECHTE SPARERIPS, WIR HABEN NUR DIE RIPPEN GESPART!
HE.. DA IST JA GAR-NICHTS DRAUF!

Agentur oder Anstalt?

Der Name ist Programm. Die Bundesanstalt heißt ab sofort Agentur für Arbeit. Agentur und aktiv das passt vom Wortstamm her.

Der notwendige Umbau der krisengeschüttelten Behörde in eine leistungsstarke Dienstleistungsagentur hat Anfang 2004 seinen Höhepunkt erreicht.

Der Arbeitslose ist bereits zum Kunden mutiert und befindet sich ab sofort auf gleicher Augenhöhe mit den Agenten der Agentur. Selbst im neu eingerichteten BA-Service-Portal der Agentur begegnet der überraschte Kunde online auf gleicher Augenhöhe der freundlichen dunkelhaarigen Bea und wird von dieser im Namen der BA zum bidirektionalen Matching gebeten. Selbiges ist keine abnorme sexuell-virtuelle Betätigung, sondern eine zentrale Neuerung, die der Annäherung von Angebot und Nachfrage, also der passgenauen Vermittlung dient.

Die Vermittlung eines einzigen Arbeitslosen durch eine der ebenfalls neu eingerichteten Personal-Service-Agenturen (PSA) auf den regulären Arbeitsmarkt kostet zurzeit rund 31.000 Euro (siehe dazu: GIB-INFO vom 07.01.2004) bei 10% Vermittlungsquote. Das ist (kostenmäßig) absolute Spitze!

Die Beratung der Beratungsagentur kostet den Steuerzahler übrigens in zwei Jahren rund 72 Millionen an freizügig und offensichtlich befreit von gesetzlichen Regelungen vergebenen Honoraren.

Auch vor Ort kann der Umbau zur modernen Dienstleistungsagentur bewundert werden. Da wurde umgehend eine Agentur für Arbeit mit vier Beratern im Philips-Bildröhrenwerk selbst installiert, um den Entlassenen unbürokratisch, flexibel und schnell helfen zu können. Leider fehlt der Agentur noch eine klitzekleine Kleinigkeit für ihre Vermittlungsoffensive, wie die örtliche Presse treffend auf den Punkt brachte „Den Beratern fehlen noch die Jobs“! (siehe AN 13.01.2004)

Wenn tatsächlich der Name Programm sein soll, dann muss neu nachgedacht werden. Man stelle sich analog ein ausgiebiges Vier-Gänge-Menu in einem Fünf-Sterne-Restaurant vor, bei dem auf die Lebensmittel verzichtet werden muss.

Mein Vorschlag: Anstalt und krank das passt besser vom Wortsinn her!

Nullen

Armes Deutschland. Zuviel Nullen im Spiel und dann auch noch an der falschen Stelle. Dabei beruht der Computerfehler bei den Überweisungen an die Hartz IV-Opfer vermutlich lediglich auf einer Verwechslung.

Statt das Rechenprogramm der Bundesagentur für die Ermittlung der monatlichen Arbeitslosenzahlen zu verwenden, wurde fälschlicherweise das Programm des Finanzministeriums zur Aufstellung der Steuerschätzungen eingesetzt.

Immerhin! Herr Clement hält seinen Kopf für das Gelingen der „Hartz IV-Reform" hin.

Bemerkenswert! Noch eine Null im Spiel…

… und zuviel!

P.S.

Spätestens bei der Abfindung für die Verantwortlichen werden die Nullen dann wieder zurecht gerückt.

Zum Ende des Jahres 2004 wird bekannt, dass aufgrund eines Computerfehlers (die Nullen vor den Kontonummern wurden durch falsche Anordnung zum Bestandteil der Kontonummern gemacht) die pünktliche Auszahlung des Arbeitslosengeldes II gefährdet ist.

Der Hammer vom Hammerberg!!!

An alle
Arbeitslosen
In Deutschland

Betreff: Reformflut

Stolberg, den 15.01.2005

Sehr geehrte Wohlstandsopfer und Sozialstaatshinterbliebene,
liebe untätige Mitbürger,

der neueste Vorschlag von FDP und CDU passt zur „Reformflut“, die sich unaufhaltsam über Deutschland ergießt: „Arbeitslose, auf nach Thailand, Indonesien, Indien! Macht Euch doch nützlich ihr Müßiggänger!“

Logisch und genial, dieser Vorschlag!
Werden hier doch die Opfer dieser einen Welt eindrucksvoll zusammengebracht, denn niemand wird bezweifeln, dass auch den Hartz IV – Opfern in Deutschland „das Wasser bis zum Hals steht“.

Den geistigen Müttern und Vätern dieses Vorschlages möchte man/frau einen Aufenthalt in kontemplativer und in jeder Hinsicht trockener Atmosphäre gönnen. Einen Aufenthalt jedenfalls dort, wo in aller Ruhe der Frage nachgegangen werden kann, ob die deutschen Politiker in Zukunft neben ihren Nebeneinkünften tatsächlich auch auf ihren Verstand verzichten können.

Bis zum nächsten epochalen Vorschlag verbleibe ich
mit solidarischen Grüßen

Euer Hein

Irrealer Positivismus versus grassierendem Negativismus

„Es geht wieder aufwärts in Deutschland“ so strahlte Minister Clement anlässlich der Prognosen von 1,6 % Wirtschaftswachstum in Deutschland. Der Chef des Sachverständigenrates Rürup beeilte sich einschränkend zu bemerken, dass diese Schätzung „an der oberen Grenze des Realistischen“ sei. Die beabsichtigte Relativierung misslang und der Minister stellte im Rahmen seines ständigen Kampfes gegen den von ihm konstatierten „grassierenden Negativismus“ erfreut richtig: „Wenn wir am oberen Rand des Realistischen sind, dann sind wir realistisch“.

Tatsächlich ist laut Prognosen ein Anstieg der Arbeitslosenzahlen auf 5 Millionen in diesem Jahr realistisch, obwohl selbiger Politiker vollmundig die Halbierung der Arbeitslosigkeit verkündet hat. Tatsächlich befindet sich dieser Minister schon lange jenseits des oberen (oder unteren?) Randes der Realität.
Und andere Menschen werden angesichts vergleichbarer Wahrnehmungsstörungen üblicherweise einer entsprechenden medizinischen Versorgung zugeführt.

Kommentar zur medialen Berichterstattung anlässlich der Vorstellung des Jahreswirtschaftsberichtes durch Minister Clement am 27.01.2005. Wenige Tage später wurde der Anstieg der Arbeitslosigkeit auf über 5 Millionen konstatiert.

Der Hammer vom Hammerberg!!!

An alle
Globalisierungsverlierer
In Deutschland

Stolberg, den 14.03.2005

Sehr geehrte
Wohlstandsopfer und Sozialstaatshinterbliebene,

vor zwei Jahren, am 14. März des Jahres 2003, sollte von der Regierungserklärung unseres Kanzlers Schröder ein Ruck durch das ganze Land ausgehen. Diese *viel beachtete Ruckrede* war ein gelungener Aufruf zum Aufschwung. Ein Ruck ging durch ganz Deutschland. Unglaublich. Den haben Sie doch sicher auch gespürt. Das hat vielleicht geruckt! Sensationell!

Auch wir auf unserem Hammerberg haben diesen Ruck deutlich gespürt!!!

Noch während der Rede ist bei uns ein *Sack holländisches Hühner-Körner-Mischfutter* umgefallen.
Und wie wir immerhin heute ganz sicher wissen, hatte und hat dieses Ereignis die *exakt gleichen Auswirkungen auf den Abbau der Arbeitslosigkeit, wie die gesamten Hartz-Reformen.*

Bis zur nächsten epochalen Regierungserklärung verbleibe ich
mit herzlichen und solidarischen Grüßen vom Hammerberg

Euer Hein

Zweiter Teil: Glossen, Ansprachen und Aphorismen zum aktuellen Zeitgeschehen in Deutschland

Der deutsche Identitätsgau

Da haben wir immer aufgeschaut zu den deutschen Leitfiguren aus Politik und Sport. Und nun zum Jahreswechsel 2000/2001 *verkommt die deutsche Leitkultur zur Leidkultur*!? *Wie viel Demontage kann eigentlich die deutsche Identität vertragen?*

Unsere lebende Richtlinienkompetenz, unser Kanzler ist mit Flügen, Flüchten und Flüchen beschäftigt. Der kollektive BSE – Wahnsinn hat schon Minister dahingerafft. Und die NRPs, die Nicht-Regierungs-Parteien, die Opposition? Da tritt zum Beispiel die FDP mit einem big-brother-tauglichen designierten neuen Vorsitzenden und einem Kanzlerkandidaten in Lauer- und Dauerstellung (mit Absprungsicherung für den freien Fall) an, der die 18%-Marke anpeilt. Dies wäre dann objektiv wohl der Zeitpunkt, die freien, gleichen und geheimen Wahlen in Deutschland behördlich verbieten zu müssen.

Unsere „politische Elite" ist statt mit der jüngeren Vergangenheitsbewältigung, z.B. einem Ex-Bundeskanzler, der ganz Deutschland verkohlt (hat), mit der Füllung von Worthülsen und dem Nachweis postpubertärer Verhaltensauffälligkeiten von Ministern beschäftigt. Beispielsweise mit einem Außenminister, der sich mit Polizisten prügelt, einem Finanzminister, der sich verfliegt, einer „Bardame", die politisch Karriere gemacht hat und einem Landwirtschaftsminister, der Deutschland zur wahnsinnsfreien Zone erklärte, weil alle in Europa vom Wahnsinn befallen sein können, nur selbstverständlich wir Deutschen nicht. Sicher wird schon bald ein Foto-Dokument veröffentlicht, das den Bundesumweltminister zeigt, wie er im stolzen Alter von satten 5 Lenzen im antiautoritär geführten Kindergarten einer autonomen Elterninitiative zusammen mit anderen Kindern, aber wahrscheinlich als Rädelsführer, einen Frosch aufbläst. Er wäre selbstverständlich als Umweltminister nicht zu halten. Vorbilder, *Leitfiguren* in der Politik … .Fehlanzeige. Allerorten *Leidfiguren,* die wir leid sind!.

Also wenden wir uns anderen Sympathie- und Lichtgestalten und lebenden Identitätsfiguren zu. Beispielsweise aus dem Sport: den Größen des Fußballs und des Tennis.

Da ist ein designierter Fußball-Bundestrainer wegen der gegen ihn erhobenen Kokainkonsum-Vorwürfe („cocaine all arround my brain") zunächst *außer sich* vor Empörung, um nach selbst initiierter Haaranalyse und Flucht ins Ausland *in sich* zu gehen, um schließlich *von sich* geben zu können, dass er Kokain *zu sich* genommen habe. Das ist eigentlich schon *wahnsinnig genug*!

Der *Wahnsinn* wird aber *auf die Spitze* getrieben, wenn man/frau als gute Deutsche /guter Deutscher realisieren muss, dass unsere Jahrhundertsportler, sportlichen und gesellschaftlichen Lichtgestalten und Lieblingsidentitätsmuster durchaus in böser Absicht und entgegen ihrem Willen malträtiert und demontiert werden. Da wird *der eine* bei einer Weihnachtfeier zwischen Wunderkerzen und Bayern-Punsch unter mysteriösen Umständen von einer Sekretariatskraft *zur Zeugung eines Kindes genötigt*, während *der andere* bei vollem Bewusstsein *oral seines Samens beraubt* wird und sich nicht vorstellen kann, dass und wie selbiger zur Zeugung eines Kindes mit seinem Erbgut missbraucht wird. Es hätte sich vielleicht doch gelohnt, nach dem Sex mit der Samenräuberin noch ein paar Worte zu wechseln.

Warum streiten wir eigentlich noch über den Begriff der Leitkultur.
Unsere Leitfiguren sind „im Eimer", oder ... im Container
(bei RTL)!?

Bezug genommen wird auf das „Ehrenwort des Herrn Kohl", die postpubertäre Flugbereitschaft*) des Verteidigungsministers, den BSE-Rinderwahnsinn, die Parteispendenaffäre, den medienwirksamen Dauerwahlkampf der FDP, die Sturm- und Drangzeit unseres Außenministers Fischer und unserer Gesundheitsministerin Schmidt sowie auf den Kokainmissbrauch des designierten Fußball-Bundestrainers Christoph Daum, die neuerliche Vaterschaft von Franz Beckenbauer und die überraschenden sexuellen Erlebnisse des Boris Becker in einer Besenkammer seines Hotels.

*)
Flugbereitschaft ist die staatliche und steuerfinanzierte Hilfestellung für Minister, Regierungspersonal und andere politische Spitzenkräfte zur nachhaltigen Aufrechterhaltung der geregelten Befriedigung ihrer Libido. Herr Scharping nutzte selbige, um regelmäßig seine Freundin zu besuchen. Ungeklärt ist bis heute, warum er beim letzten Flug die zuvor von Herrn Merz genutzte Maschine „kaperte" und die Tasche des politischen Konkurrenten „mitgehen" ließ. Böse Zungen behaupteten, dass sich in dieser Tasche die berühmt-berüchtigten „Merz-Spezialdragées" befanden, ein offensichtlich besonders wirksames Aphrodisiakum.

Schöne neue Gesellschaft!?

Unter der Vorgabe der Sozialdezernentin: „Missbrauch aufdecken, aber auch Ansprüche entdecken" wird in Stolberg und Eschweiler eine neue, an typisch deutsche Varianten erinnernde, bereits hinlänglich bekannte Schnüffelei (Blockwart u. Stasispitzel) wieder eingeführt: Als *"Sozialdetektiv"* "genau hinschauen" wollen die neuen und entsprechend geschulten Mitarbeiter der jeweiligen Sozialämter. (siehe Artikel in der Aachener Zeitung vom 29.01.2002)

Kern des Modells ist die *Aufdeckung des Sozialhilfemissbrauchs.* Endlich wird der Missbrauch in unserer Gesellschaft bekämpft. Der Einstieg ist gemacht. Jetzt brauchen wir natürlich weitere Detektive, die eingestellt werden und genau hinschauen:

Zum Beispiel einen *Steuerdetektiv*, der die alljährlich am Fiskus vorbei geschmuggelten Milliardenbeträge (zweistellige DM-Milliardenbeträge) sucht.

Zum Beispiel einen *Gedächtnisdetektiv*, der versucht die Gründe für den plötzlichen Gedächtnisschwund und Verlust der Moral bei so manchem Politiker aufzuspüren.

Zum Beispiel einen *Währungsdetektiv*, der die Gründe dafür sucht, dass mit der Einführung des Euro zwar garantiert keine Preissteigerungen verknüpft sind, aber dennoch fast alle Dinge des täglichen Lebens teurer geworden sind.

Zum Beispiel...

Vielleicht ist es aber ganz einfach besser, nicht weiter genau hinzuschauen und alles zu belassen. Vielleicht ist es besser, das Spezifische und Besondere an unserer Wettbewerbswirtschaft einfach anzuerkennen; auf eindrucksvolle sowie speziell Aachener Weise exakt auf den Punkt gebracht durch den Titel des neuen Theaterstücks der Alt-Aachener-Bühne: *„Enge betuppt der angere!"*

„Öcher Platt" = Aachener Mundart

Enge betuppt der angere = Einer betrügt den anderen

Zur Anatomie des modernen Politikers

Oft wird behauptet, dass Politiker kein Rückgrat mehr haben.

Das ist sicher nicht richtig.

Das Rückgrat vieler Politiker ist jedoch
aufgrund der im Kontext zunehmender Globalisierung
allseits geforderten Flexibilität und Mobilität
mittlerweile so beweglich,
dass der aufrechte Gang
immer schwerer fällt.

Zur Verdoppelung der Halbierungen

Wohin letztlich alle Verdoppelung der Anstrengungen zur Halbierung gesellschaftlicher Übel in unserer Gesellschaft führt, können wir zurzeit auf den unterschiedlichsten Ebenen erfahren. Und so stellen wir unter anderem mit Erstaunen fest, dass die langjährige Verdopplung der Bündnisse zur Halbierung von Arbeitslosen und Sozialhilfeempfängern lediglich zur Verdoppelung der Integrationslügen geführt hat;
dass die Halbierung der deutschen Mark durch den Euro zur Verdopplung vieler Preise und damit wiederum eher zur Halbierung der Kaufkraft geführt hat;
dass die zurzeit tägliche Verdoppelung von V-Leuten zur Halbierung der Chancen auf ein Verbot der ewig Gestrigen geführt hat;
dass die Verdoppelung von Schulreformen und neuer „medialer Erziehungsinstanzen" bei unserer Jugend (und ganz sicher nicht nur da) zur Halbierung der geistigen Fertigkeiten, sprich zur Verdoppelung der Verblödung geführt hat.

Sicher ist schon jetzt, dass die Halbierung Existenz sichernder Gehälter mittels Kombilohn eben nicht zur notwendigen Verdoppelung der Einfacharbeitsstellen führen wird. Mit Sicherheit wird die Halbierung des Verstandes, der Moral und des Anstandes in den Reihen der deutschen Politik – inklusive der Verdoppelung der Bemühungen um eine „brutalst-mögliche Aufklärung von politischen Skandalen" – weiterhin zur Halbierung des Glaubens der Bürger an diesen Staat beitragen.

Vielleicht kann eine weitere Verdoppelung des Wahnsinns nur durch eine konsequente Halbierung der Politiker in diesem unseren Lande verhindert und damit die Chance zum Überleben unserer Demokratie verdoppelt werden.

Kommentar:
Anfang des Jahres 2002 ist die Zahl der Arbeitslosen wieder gestiegen. Ein NPD-Verbotsantrag muss wegen des Einsatzes von V-Leuten abgewiesen werden, die PISA- Länder – Vergleichsstudie stellt den deutschen Schülerinnen und Schülern und damit auch dem deutschen Schulsystem ein schlechtes Zeugnis aus.

Das letzte Huhn …

Erst,
wenn das letzte Huhn
durch
die Segnungen unserer Zivilisation
verseucht ist,
werdet ihr
wahrscheinlich
mit einigem Erstaunen
feststellen,
dass ihr eure
Eier
in Zukunft
selber legen müsst!

Juni 2002
In Abwandlung eines ähnlich klugen Spruches

Unser Tierfutter/Hühnerfutter ist mit Nitrofen verseucht

Nachhaltige Nachhaltigkeit

Während wir begründet vermuten, dass nachhaltige Blasenschwäche zu dauerhafter Feuchtigkeit im Schritt führen kann, gilt es mittlerweile als ganz sicher, dass die nachhaltige Landschaftspflege) zu dauerhaften und irreparablen Gedächtnislücken in den vordersten Reihen der deutschen Politik geführt hat.

Das Nachhaltigste überhaupt ist übrigens die nachhaltige Verwendung des Begriffs der Nachhaltigkeit. Wenn man überlegt, wo der Begriff eigentlich herkommt...

Denn das Nachhaltigste an den AGENDA-Beteiligungsprozessen draußen im Lande ist doch die nachhaltige Verarschung des Bürgers im Rahmen zivilgesellschaftlicher Partizipations-Biotope.

A-H-A !? – Ein nachgerufener Aufruf

Die durchaus positiven Ansätze der deutschen Nachkriegsgeschichte mitsamt Wirtschaftswunder, Demokratie und Sozialstaat versinken zurzeit in einem Sumpf aus Korruption, verseuchtem Tierfutter, Bildungsnotstand, politischem Viel- und Tiefflug sowie globalem Gewinnmaximierungs-Wahnsinn. Deutschland droht im Elend zu versinken!

Und wo ist sie? Die Alternative, eine niemals dringender benötigte Opposition. Die achtundsechziger Jungs (und natürlich Mädels!). Die mittlerweile midlife-erprobten Jahrgänge 1945 bis 1952. Die in die Jahre gekommenen, dickbäuchigen Restposten kritischer Intelligenz in Deutschland.

Gibt es sie überhaupt noch? Und wenn ja, können sie wiederbelebt werden?

Ich rufe Euch händeringend zu: „Soweit Ihr noch nicht Kanzler, Kanzlerkandidat, Minister, Staatssekretär, Konzernchef, Richter oder Analyst seid; zeigt Euch, liebe hominiden und humanitären Ladenhüter der antifaschistischen, der antikapitalistischen Revolution!

Wir brauchen eine neue, wir brauchen die gute altbewährte APO! Wir brauchen Euch!

Eine trotz Gedächtnislücken wild entschlossene, eine trotz Gehhilfen im Schulterschluss fest gefügte sowie eine trotz Sehschwächen das Ziel fest im Auge habende und haltende ALT-HERREN-APO bzw. VETERANEN- APO auf ihrem Weg zum letzten, oder vielleicht doch eher vorletzten Gefecht.

Kommentar:

Dieser Sommer des Jahres 2002 sucht in Deutschland seinesgleichen. Während die PISA-Studie eine Menge Fragen aufwirft, wird das konkrete Scheitern des Spitzenmanagers Esser mit einer finanziellen Abfindung von ca. 60 Millionen „bestraft“. Nitrofen in Tierfutter und Lebensmitteln unterstreicht einmal mehr die Kreativität und Flexibilität unserer Nahrungsmittelindustrie, Während sich unsere Politiker (durch die private Nutzung von Bonusmeilen) wieder einmal verflogen haben. Zwei bekannte Politiker (von den Grünen und der PDS) treten daraufhin von ihren Ämtern zurück.

Vorbemerkung:
Kommentiert werden sehr „unfreundliche" Äußerungen des amerikanischen Verteidigungsministers bezüglich der Kriegsenthaltung Deutschlands im Irakkonflikt

Rum(m)sfeld macht „Rumms"!

Da hatten doch einige gesellschaftlich relevante und der Tradition verpflichtete Kräfte in unserem Lande schon befürchtet, dass es einen neuen großen Krieg geben könnte, ohne dass Deutschland beteiligt ist.
Dem ist nicht so, wie wir seit dem Morgen des 07.02.03 wissen. Da hat doch im WDR 2 Hörfunk die deutsche Tante von Doni über dessen Vorfahren und Wurzeln geschnackt, in bestem Norddeutsch übrigens. Bei der Gelegenheit hat sie ganz böse mit ihrem (entfernten) Verwandten geschimpft. Ja, wie konnte er auch das Land seiner Urahnen mit „Bananenrepubliken" vergleichen.

Zugegeben, bei uns herrschen mittlerweile zwar die gleichen Zustände, aber selbst Absolventen des amerikanischen Bildungssystem sollten wissen, dass in Deutschland keine Bananen wachsen. Und Herr Schröder raucht nur ganz ausnahmsweise einmal eine Havanna.

Nun sehen wir also klar: Es liegt an der norddeutschen Grobschlächtigkeit, die wohl über Generationen vererbt wird. Und deshalb wird Deutschland am Krieg (sozusagen undercover in dritter, vierter oder soundsovielter Generation) wohl doch beteiligt sein. Und deshalb rumpelt es auch öfters, wenn Donald auftritt.
Bleiben wir also getrost in deutscher Tradition und sprechen zukünftig das U wie ein U: Rumsfeld also, oder besser noch mit zwei M: „Rummsfeld" wie „Rumms".

Reformen – linksrheinisch!

Reformen sind angesagt, ja längst überfällig. Die Zeit drängt.
Zurzeit erleben wir die Umwandlung des auf dem Solidarprinzip fußenden „rheinischen" Sozialstaates nach dem Motto „et hät noch immer jot jejange" zum aktivierenden Sozialstaat, der, das globalisierte Wettbewerbsprinzip grundlegend, wohl eher dem sozial-darwinistischen Umverteilungsmotto folgt: „Enge betuppt der angere!" Doch während der Streit um diese Reformen öffentlich tobt, lehnen wir uns bequem zurück (nach dem Motto: „Et kütt wie et kütt!") und halten es wie immer und unser Kaiser: „Schau'n mer mal!"
Auch der rheinnahe Rheinländer stimmt mit ein: „Lasse mer ens lure!" Und der westlichste, als linksrheinischster Rheinländer bekannte Öcher meint analog: „Losse vür ens kicke!" Das passt dann sprachlich wieder besser zur früheren Betätigung unseres Kaisers, bevor er sich mit Haut und Haar der elementaren Nachwuchsförderung (Zucht!) verschrieben hat.
Doch die Zeit drängt. Wir haben keine Zeit mehr in dieser Zeit. Keine Zeit für Solidarität, für Gerechtigkeit und zum Schauen, Luren, Kicken eh nicht! Denn in diesem unserem geliebten (und ehemaligen!) Land der Denker, Dichter und Fußballweltmeister haben mittlerweile selbst die Buchautoren keine Zeit mehr, richtig lesen und schreiben zu lernen, bevor sie einen Bestseller herausgeben. Und die Fußballer keine Zeit, richtig Fußball spielen zu lernen, bevor sie Erfolge feiern. Und die Politiker keine Zeit mehr, richtig darüber nachzudenken, bevor . . .
Schade eigentlich!

Kommentar:
Hintergrund ist die allseits beschworene Reformnotwendigkeit in unserem Lande. Dieter Bohlen und Stefan Effenberg haben das wohl gründlich missverstanden und treten im Frühjahr 2003 erstmals als „Buchautoren" in Erscheinung. Die deutsche Fußballnationalmannschaft erreicht 2002 völlig überraschend das Weltmeisterschaftsendspiel gegen Brasilien und wird Vizeweltmeister.

Zeitreform oder Rücktritt

Seit dem 30 September 2003 wissen wir nun auch, dass die SPD weitgehend unbemerkt von der Öffentlichkeit auch die Zeitrechnung reformiert hat, bzw. im Rahmen der notwendigen Reformen nicht nur Geld sondern auch Zeit spart. Denn der Kanzler gab eine mit seiner eigenen politischen Zukunft verbundene Erklärung im deutschen Fernsehen ab, wonach unter anderem ab sofort 3 Monate „nicht mehr ganz ein halbes Jahr“ sind.

Meine Frage ist nun: Kann ich die Hälfte meiner Steuern einbehalten, weil meine Steuerpflicht sich dieser Logik folgend für „nicht mehr ganz ein ganzes Jahr“, also nur noch für 6 Monate ergibt?

In seiner Regierungserklärung am 30.09.2003 verband Gerhard Schröder seine eigene politische Zukunft mit dem Gelingen der Reformen.

Der Hammer vom Hammerberg!!!

An alle
Steuerpflichtigen
In Deutschland

Betreff: Bierdeckelreform

Stolberg, den 11.11.2004

Sehr geehrte Wohlstandsopfer und Sozialstaatshinterbliebene,
liebe steuerpflichtige Mitbürger,

im Reformhaus Deutschland wird zurzeit reformiert was das Zeug hält. Aber leider scheitern auch Reformen. Beispielsweise eine der innovativsten und tiefgreifendsten Reformen in der Deutschen Geschichte überhaupt: Die Bierdeckelreform.
Herr Merz, der auf dem Bierdeckel tanzt, hatte bekanntlich angekündigt, dass jeder und jede in Zukunft seine Steuerschuld auf einem Bierdeckel ausrechnen kann. Während Schweini und Poldi Sie auf einem Bierdeckel schwindelig spielen können, kann Herr Merz Sie auf einem Bierdeckel schwindelig rechnen.
Leider wurde diese durchaus sinnvolle zusätzliche Verwendung unseres kartonierten deutschen Kulturgutes von Frau Merkel nicht akzeptiert, weil diese Steuerreform dann doch zu proletarisch daherkam. Bisher wurden anhand der Aufzeichnungen auf dem Bierdeckel ja lediglich die Schulden des Gastes gegenüber dem Gastwirt dokumentiert.
Aber, wäre mit der Bierdeckelreform nicht der Bierdeckel als Hilfsmittel zur Ermittlung der individuellen Steuerschuld für viele Zeitgenossen noch mehr als bisher zu einem untrüglichen Dokument dafür geworden, dass sie über ihre Verhältnisse gelebt und getrunken haben?
Wäre daraufhin nicht vielen das Bier im Halse stecken geblieben?

Und deshalb rufen wir dem großen Reformator zu: „Kopf hoch, lieber Herr Merz, vielleicht versuchen Sie es beim nächsten epochalen Reformvorschlag einmal mit einer größeren Vor- oder Unterlage.
Zum Beispiel mit einem Toilettendeckel!

Mit solidarischen Grüßen und tschö,wa
Euer Hein

Zum Sparzwang bei Kirchens

Der Sünder war dann doch guten Mutes, nachdem er seiner Absolution mit einer kleinen Spende glaubte auf die Sprünge geholfen zu haben:
„ Ich denke das ist für die Ewigkeit!“

Und der Pfarrer erwiderte:
„ Aber lieber Freund, für die Ewigkeit … ?
Mittlerweile müssen wir an allem sparen!“

Das Bistum Aachen im Jahr 2015

In diesem Jahr feiert die katholische Kirche ein Jubiläum. Denn vor genau 10 Jahren erschien, begleitet von einem immensen Medieninteresse, die „AGENDA 2015" der deutschen Bischöfe mit dem Titel „Das Undenkbare denken". Dieser AGENDA 2015 sollte es vorbehalten bleiben, die AGENDA 2010 des Herrn Schröder um genau 5 Jahre zu toppen. Dieses Jubiläum wird auf dem ultimativ letzten Bistumstag im Herbst 2015 abschließend gefeiert werden. Vergleichbar gefeiert wurde nur der Abschluss des IW-Prozesses, der als Institutioneller Wandel 1997 eingeleitet und als Institutioneller Wahnsinn 2004 abgeschlossen wurde. Denn dieser Abschluss bedeutete gleichzeitig auch das Ende aller engagierten Partizipationsbiotope, wie sie die zahlreichen Regional- und Bistumstage seit der von Bischof Hemmerle Ende der achtziger Jahre eingeläuteten Weggemeinschaft darstellten.

Die von der Initiative ZAK (Zukunft Arbeitsplatz Kirche) im Jahre 2004 eingebrachten Vorschläge zur Haushaltskonsolidierung des maroden Bistumshaushaltes, insbesondere das Solidarmodell zu Lohnverzicht bei gleichzeitiger entsprechender Kürzung der Beschäftigungszeiten, wurde in den Folgejahren nach jahrelanger fachkompetenter Prüfung des Bistums nicht nur aufgegriffen, sondern orientiert an der aktuellen Haushaltslage konsequenterweise weiter entwickelt und zu Ende gedacht. Die Beschäftigungsumfänge und Entlohnungen aller Laien im kirchlichen Dienst wurden bis zum Jahr 2010 sukzessive auf Null reduziert. Die letzten im Würzburger Fernkurs theologisch ausgebildeten Fachkräfte hatten sich bereits im Jahr 2005 als Wanderprediger im Rahmen der durch die Arbeitsagentur finanziell geförderten Ich-AG selbstständig und auf den Weg gemacht.

Die zwischenzeitliche alternative Verwendung unter Denkmalschutz stehender Kirchen im Bistum Aachen stieß 2007 an ihre Grenzen, weil das Bistum Aachen mittlerweile mehr Grabeskirchen vorhielt als es Personen gab, die eine entsprechende „Instant-Ruhestätte" nachfragten. In Aachen hatte die neue rotgrüngelbschwarze Gestaltungsseilschaft durch die Übernahme der sakralen Immobilien ganz neue Möglichkeiten aufgezeigt, kirchliche und kommunale Interessen auf eindrucksvolle Weise zu kombinieren. Nachdem zunächst der Verkauf der Kirchen an den EBV durch das zweite Aachener Bürgerbegehren verhindert werden konnte, wurde eine besonders innovative Verwendung der Kirchen erschlossen. Seit 2008 können die Kirchen als Sammelstellen verwendet werden. Und zwar für gelbe Säcke. Kollektiert wird nur noch selten. Und wenn, dann werden Glas oder Sonderabfälle gesammelt. Sünden, insbesondere kleinere Umweltsünden können vor Ort stehenden Fußes oder en passant am Beichtautomaten zugegeben, bereut und natürlich vergeben werden.

Die geweihten hominiden Restbestände des linksrheinischsten Katholizismus in Deutschland konnten in den zwei verbliebenen kircheneigenen Klöstern St. Alfons und St. Raphael artgerecht und Kosten dämpfend untergebracht werden, während das Generalvikariat in Zukunft als Baudenkmal für den Kontext von katholischer Soziallehre und Architektur in der postindustriellen Gesellschaft dienen wird.

Auch die schon im Jahr 2004 installierten neuen Führungskräfte konnten zuletzt leider nur einen zweifelhaften Ruhm als „Trümmerfrauen des klerikalen Patriarchats“ erwerben.

Der Staat hat übrigens in der Zwischenzeit eingedenk des gigantischen Mitgliederschwundes eine „negative Kirchensteuer“ eingeführt, d.h. das klerikale Stammpersonal erhält vom Staat eine Grundsicherung, ein „Gnadenbrot“. Und natürlich, wenn auch erheblich rationiert, „Gnadenwein“, um die Liturgie aufrecht erhalten zu können.

Trotz dieser Konzentration auf das Wesentliche kursieren seit Beginn dieses Jahres dennoch hartnäckig Gerüchte, dass eine Hand voll Geistlicher es mit der organisierten Nachfolge dieses Jesus von Nazareth noch einmal aufs Neue versuchen will.

Kommentar:

Hintergrund für diese im März 2004 verfasste Glosse ist die katastrophale Finanzlage im Bistum Aachen. Bereits im September des gleichen Jahres wurden die ersten Mitarbeiterinnen und Mitarbeiter des Bistums betriebsbedingt gekündigt. Unter anderem auch der Verfasser dieser Glosse. Die Kirche St. Josef im Aachener Ostviertel ist mittlerweile zur Grabeskirche umgewidmet worden. Auch die neue Personalchefin des Bistums (eine der erwähnten weiblichen Führungskräfte) hat sich in der Zwischenzeit von ihren Aufgaben entbinden lassen.

Bereits bis zum August des Jahres 2005 wird die satirische Vorausschau an vielen Stellen von der Realität eingeholt.

Absage für den „Kick off Workshop" der Stadt Aachen

Lehrstuhl und Institut
für Arbeitswissenschaft
der RWTH Aachen

52056 AACHEN

Betreff: Ihre Einladung vom 05.09.2001 zum
DIAMAND Kick off Workshop Stadt Aachen

05.09.2001

Sehr geehrte Damen und Herren,

herzlichen Dank für Ihre Einladung.
Da wir am Kick off Workshop ihres Projektes leider wegen fehlender Date-Kompatibilität, die durch unseren parallel online stattfindenden Spin-Off-Workshop verursacht wurde, nicht partizipieren können, möchten wir uns schon heute zum Golden-Goal-Workshop oder alternativ zum Sudden-Death-Workshop Ihres Projektes anmail(d)en.

Liebe Grüße
Hein van Hammerberg

Ehrenamtlicher Geschäftsführer des Vereins zur Globalisierung der deutschen Sprache
(und Hobbyfußballer)

Virtuose Rettungsaktion eines Traditionsvereins

Die Rettung von Alemannia Aachen nimmt mittlerweile virtuose Züge an. Die Solidarität ist wirklich unglaublich und bemerkenswert. Insbesondere das Engagement der vielen kleinen Spender, von denen viele ihr „Gehalt“ von Arbeits- oder Sozialämtern erhalten. Mittlerweile gibt es sogar Hilfe von leibhaftigen Ministern bzw. Ministerinnen, Ministerpräsidenten und gestandenen bajuwarischen Kanzlerkandidaten. Das Engagement für Alemannia mutiert zum Ersatz für positive Politik. Verortet mitten im Wahlkampf, wird es zum Paradebeispiel parasitärer Publizistik schlechthin. Als ehemaliges Mitglied und ehemaliger Spieler von Alemannia möchte ich zur Virtuosität der Aktion einen Beitrag leisten:

Wie wär‘s mit einer Kandidatur Edmund Stoibers (oder gar Franz Beckenbauers?) als Ehrenpräsident der Alemannia. Wie wär‘s mit einem Livekonzert von Sasha – gesponsert von den Parteien in Deutschland – mit der Uraufführung des neuen Alemannia Songs, der bestimmt auch die Nummer eins in den Charts der Abgaben- und Steuerzahler im Lande werden könnte: „You never pay alleng!“[1] Wie wär‘s, wenn Christoph Daum auf dem Holzgraben meistbietend eine Haarprobe versteigert. Wie wär‘s, wenn unser Kanzler – natürlich im Dress der Alemannia – eine flammende Rede auf dem Tivoli (oder auf dem Markt) hielte, eine Rede in gewohnt guter und bewährter Manier, in Holz-Man(n)ier[2] sozusagen.

Wie wär‘s, wenn Herr Lieven alternativ zu alledem einmal kräftig in seine Portokasse greift. Sicher, das war und ist nicht vorgesehen. Erhofft von einigen aber doch allemal, oder?

P.S.
Wie wär‘s, wenn ausnahmsweise einmal die Verantwortlichen für die Misere zur Rechenschaft gezogen würden?

---

1 You never pay alleng = Du bezahlst niemals alleine
In Abwandlung von: You never walk alone
Alleng (=Öcher Platt) = alone = alleine

2 Bezug zur Rettungsaktion des Bauriesen Holzmann, die insbesondere auch von Herrn Schröder ausging.

Kommentar:
Zu Beginn des Jahres 2002 steht der Traditionsverein Alemannia Aachen vor dem Konkurs. In einer einmaligen Rettungsaktion, an der sich viele kleine Leute beteiligen und im Rahmen derer sogar die Spieler mit Sammelbüchsen die Aachener Innenstadt bevölkern, kann der Verein gerettet werden. Herr Lieven, finanzkräftiger Wirtschaftsmanager (VOBIS), konnte von Bürgermeister Linden zur Präsidentschaft überredet werden. Heute (August 2005) steht die Alemannia finanziell und sportlich hervorragend da. Die Alemannia ist übrigens das fußballerische Kompetenzteam mit der wahrscheinlich nachhaltigsten Wiederaufstiegsambition im gesamten deutschen Profifußball.

We are the champions – typisch deutsch

Von dpa wird uns soeben folgendes Interview von der Fußball-WM übermittelt:

Presse:
Herr Völler, zunächst herzlichen Glückwunsch zum Sieg ihrer Mannschaft, der ja nun sehr knapp, äußerst glücklich und zu allererst dank der göttlichen Hände Kahns zustande gekommen ist. Unverkennbar waren aber trotz des Erfolges die eklatanten spielerischen Schwächen der deutschen Mannschaft.

Völler:
Die Mannschaft hat zu 100% unsere taktischen Vorgaben umgesetzt und hervorragend gekämpft! Sie haben natürlich Recht. Spielerisch war das zu wenig, da muss noch einiges kommen in den nächsten Spielen!

Presse:
Aber Herr Völler, in welchen nächsten Spielen? Sie haben soeben das Halbfinale der WM gewonnen!

Völler:
Nun gut, dann müssen wir eben nach der WM kurzfristig ein Freundschaftsspiel gegen Lichtenstein organisieren, um der Welt unsere wirkliche Spielstärke zu demonstrieren!

Yokohama /Japan, den 25.Juni 2002

Rede des international bekannten Walforschers und Meeresbiologen Jacques Chapeau aus Aix-La-Chapelle

zum Thema: Der Bundestagswal das unbekannte Wesen

Sehr geehrte Damen und Herren,
mein Thema heute lautet. Der Bundestagswal, das unbekannte Wesen.
Sicherlich ist der Bundestagswal Ihnen im Gegensatz zu anderen Walen eher fremd und unbekannt.
Sie alle kennen aber sicherlich das Weibchen: Die Bundestagswal!
Tatsächlich hat noch kein menschliches Wesen jemals das Männchen dieser Gattung mit eigenen und bloßen Augen gesehen. Gleichwohl gibt es eindeutige Indizien für seine Existenz.

Sehr geschätzte, liebe Mitsäuger,
wie sonst wäre zum Beispiel seine Fortpflanzung möglich, die sich – wie Sie sicherlich mit mir auch im eigenen Interesse hoffen – nach wie vor nach traditionellem Muster, nämlich – wie bei allen Säugern – durch den Fortpflanzungsakt von Weibchen und Männchen vollzieht.

Aber, meine lieben hominiden Großsäuger,
auch durch andere Beobachtungen wissen wir, dass es den Bundestagswal geben muss. Denn in der Regel alle 4 Jahre vollzieht sich ein unerbittlicher Kampf dieser saugenden (oder besser säugenden) Giganten.
Wenn es also den Bundestagswalkampf gibt, dann muss es folgerichtig auch den Bundestagswal geben. Zwar bleibt das einzelne Männchen während dieser Zeit unerkannt und für das menschliche Auge verborgen, doch führt dieser Kampf (man vermutet) stressbedingt zur vermehrten Ausscheidung von Dung.
Der Öcher sagt Strungs.
Dieser Dung oder Strungs ist zu Bundestagswalkampfzeiten tatsächlich an jeder Ecke unserer Stadt zu finden.

Liebe Hobbywalforscher,
zum Abschluss möchte ich noch auf die brandneue Theorie einer international und grenzüberschreitend arbeitenden Walforschungsgruppe mit dem Namen WA(H)LEN hinweisen, die aufgrund der Auswertung dieser Ausscheidungen zu der Annahme kommt, dass das Gehirn der Säuger immer schneller und schließlich existenzbedrohlich degeneriert.

Liebe Wählerinnen und Wähler,
auch wenn noch vieles im Dunkeln ist, wir forschen weiter und bleiben dran, am Bundestagswal, dem unbekannten, männlichen Wesen!
Bis zum nächsten Bundestagswalkampf verbleibe ich mit meinem herzlichen Dank für Ihre aufmerksame Anteilnahme... oder teilnahmslose Aufmerksamkeit!?

Ihr Jacques Chapeau
alias Hein van Hammerberg

HEIN VAN HAMMERBERG

Muster-Laudatio

Sehr geehrte Ehrengäste, meine lieben Damen und Herren,
mein lieber Hein van Hammerberg

versetzen Sie sich doch mal bitte in die Situation unseres lieben Hein.
Nach 40 Jahren ruhelosen und aufopferungsvollen politischen Einsatzes wird unser lieber Hein heute in den Ruhestand versetzt.

Ja, mein lieber Hein,
nun wirst Du also in den Ruhestand versetzt.
Ich habe mich mit dieser Tatsache in Vorbereitung dieser Rede auseinandergesetzt. Eigentlich ist es ja ein Widerspruch in sich, dass da jemand in einen „Stand gesetzt" wird.
Doch Du, mein lieber Hein, stehst mit deinem unermüdlichen Einsatz für das „Setzen" schlechthin. Und ich freue mich ganz besonders, dass Du trotz deines gesetzten Alters während dieser Laudatio wohlbehalten vor mir sitzt und nicht – wie viele Geehrte vor dir – vor uns liegst. So wird durch diese rechtzeitig terminierte, prämortale Ehrung hoffentlich ein weiteres Ausrufungszeichen in deinem bewegten Leben gesetzt.

Ja, meine sehr verehrten Damen und Herren,
unser lieber Hein ist ja bekanntlich schon in der Schule regelmäßig versetzt worden. Er hat sein Studium quasi auf einer Arschbacke abgesessen und sich anschließend auf der Karriereleiter durchgesetzt. Er hat immer Ziele und Prioritäten so gesetzt, dass andere Vertrauen in ihn gesetzt haben. Er hat sich grundsätzlich immer an die Spitze gesetzt. Wo er war, war Erfolg, wo er war, war vorne. Er war quasi immer und überall an Nummer 1 gesetzt.

Meine lieben Zuhörcrrinnen und Zuhörer, liebe Ehrengäste,
mein lieber Ehrenbürger,
immer an Nummer 1 gesetzt, welch ein Erfolg!
Und selbst den intensiven Bemühungen einiger Menschen, Dich (auf „Moulenshöh" = Gefängnis in Aachen) einsitzen zu lassen, hast Du Dich erfolgreich widersetzen können, nachdem Du Dich mit einigen in der Sache wichtigen Leuten kurzerhand zusammengesetzt hattest.

Sehr geehrte Damen und Herren, liebe Honoratioren,
mein lieber Hein,
dein 40jähriger Sitzungsmarathon ist nun zu Ende. In unermüdlichem Einsatz, oft

bis zur Erschöpfung hast Du Dich mit anderen zusammen- und auseinandergesetzt, um Dich letztlich durchzusetzen. Du hast Dich immer so eindrucksvoll und nachhaltig eingesetzt, dass dieser Einsatz auch äußerlich, an Deinem Hosenboden, sichtbar wurde. Manchmal konnte man den Eindruck haben, dass der glänzende Hosenboden Ausdruck dafür sein konnte, dass möglicherweise kurzzeitig Deine Inkontinenz Oberwasser gegenüber Deiner Inkompetenz bekommen hätte.
Alle Achtung, Du hast Sitzfleisch bewiesen. Und das bis zuletzt, obwohl Du gerade in letzter Zeit am ganzen Körper von Gesäßhämatomen gezeichnet warst.

Ja, meine lieben, sehr verehrten Damen und Herren,
liebe Hämorrhoiden,
mein lieber Gezeichneter,
weißt Du noch ... damals ... , als Dir diese tierische Diarrhöe mitten während einer Sitzung zugesetzt hat. Mitten in der Rede bist Du von Deinem Sitz auf und mit zugekniffenen Backen und einem eher untersetzen Lächeln hast Du schweigend den Sitzungssaal verlassen. Es war unglaublich, mein Gott bist Du gelaufen. Du bist gelaufen, als würden auf der Toilette zusätzliche Sitzungsgelder ausgezahlt ...
Und dann ... , dann endlich angekommen, hast Du Dich zunächst einmal auf Deinen Allerwertesten setzen müssen ... , weil nämlich besetzt war.
Mein Gott, lieber Hein,
das ist vielleicht in die Hose gegangen!
Aber, auch in dieser ausweglosen Situation wusstest Du geschickt ein Ausrufungszeichen zu setzen. Denn selbst diesen unerwarteten persönlichen und politischen Rückschlag unter der Gürtellinie hast Du weggesteckt, indem Du Dich professionell darüber hinweggesetzt hast. Und, nachdem Du Dir einen Hosenersatz besorgt hattest, hast Du Dich wieder wie üblich eindrucksvoll in Szene setzen können, nachdem Du die körperlichen Probleme einfach ignoriert und ausgesessen hattest.

Ja, mein lieber Hein,
obwohl Dir das Leben oft heftig zugesetzt hat, hast Du auch dann noch aufrecht gesessen, wenn Dir schon eher nach Liegen zumute war. In ungezählten Gremien und Ausschüssen auf nationaler, euregionaler und internationaler Ebene hast Du gesessen; in allen wirklich Richtung weisenden Kommissionen, diesen Ansammlungen eminent wichtiger, zumeist männlicher Menschen, diesen herrlichen, lebendigen und allzu menschlichen Biotopen von Inkompetenz, Insuffizienz und Inkontinenz.

Dafür, mein lieber Hein, erhältst Du nun diese Auszeichnung, die Du Dir übrigens an den Hut stecken kannst, damit Du Dich nicht unglücklicherweise draufsetzt.
So überreiche ich Dir hiermit für Deinen unersetzlichen Einsatz die

„Euregionale Euro-Plakette in der Euro-Rosette auf einer Euro-Palette"

Der Autor

Helmut Malmes wurde am 10.Mai 1952 in der alten Kaiserstadt Aachen geboren. In dieser linksrheinischsten Metropole Deutschlands besuchte er erfolgreich Schule, Universität und Kneipen. Als Magister der Soziologie verließ er die Hochschule und leistete anschließend einen beachtlichen bevölkerungspolitischen Beitrag für das Grenzland und Deutschland. Immerhin sechs Kinder zeugen von einer nachhaltigen Fruchtbarkeit. Beruflich hat sich der Autor mehr als zwei Jahrzehnte um die Belange von Arbeitslosen gekümmert. Als original „Öcher Jong" (Aachener Junge) blieb und bleibt Helmut Malmes seiner Heimatstadt eng verbunden. Mittlerweile wohnt er mit Ehefrau und der Kinder vielköpfiger Schar, umgeben von Schwiegermutter, sechs Pferden, vier Kaninchen, einem Meerschweinchen, vier Ziegen, fünf Katzen, sechsundsechzig Tauben, siebzehn Hühnern plus Hahn, fünfundzwanzig Ziervögeln und zirka achtundvierzig Zierfischen auf dem Stolberger Hammerberg. Von diesem erhabenen Ort aus hat er übrigens seine geliebte Heimatstadt immer fest im Blick.
„Grüne Erdbeermarmelade" ist nach „Der doppelte Klenkes" (Helios, 2002) und „Wer neue Wege geht, hinterlässt Spuren" (Mitherausgeber u. Autor, Shaker, 2003) sein drittes Buch.

Die Karikaturistin

Ulrike Klöpper-Zohlen wurde am 10.07.1966 in Waldniel geboren. Durch ihr Studium der Sozialpädagogik lernte sie die alte Kaiserstadt kennen und lieben. Nach dem Diplomabschluss des Studiums blieb sie in Aachen. Neben vielfältigen sozialen Aufgaben betätigt sich die dreifache Mutter sehr gerne auch kreativ. So gehören Malen und Zeichnen zu ihren gern ausgeübten Hobbys. Durch Ihre Mitarbeit bei dem vorliegenden Buch werden die Ergebnisse ihrer Kreativarbeit zum ersten Mal veröffentlicht.